子どもの自己肯定感を高める10の魔法のことば

石田勝紀

集英社

あなたは呪いの言葉を使っていませんか？

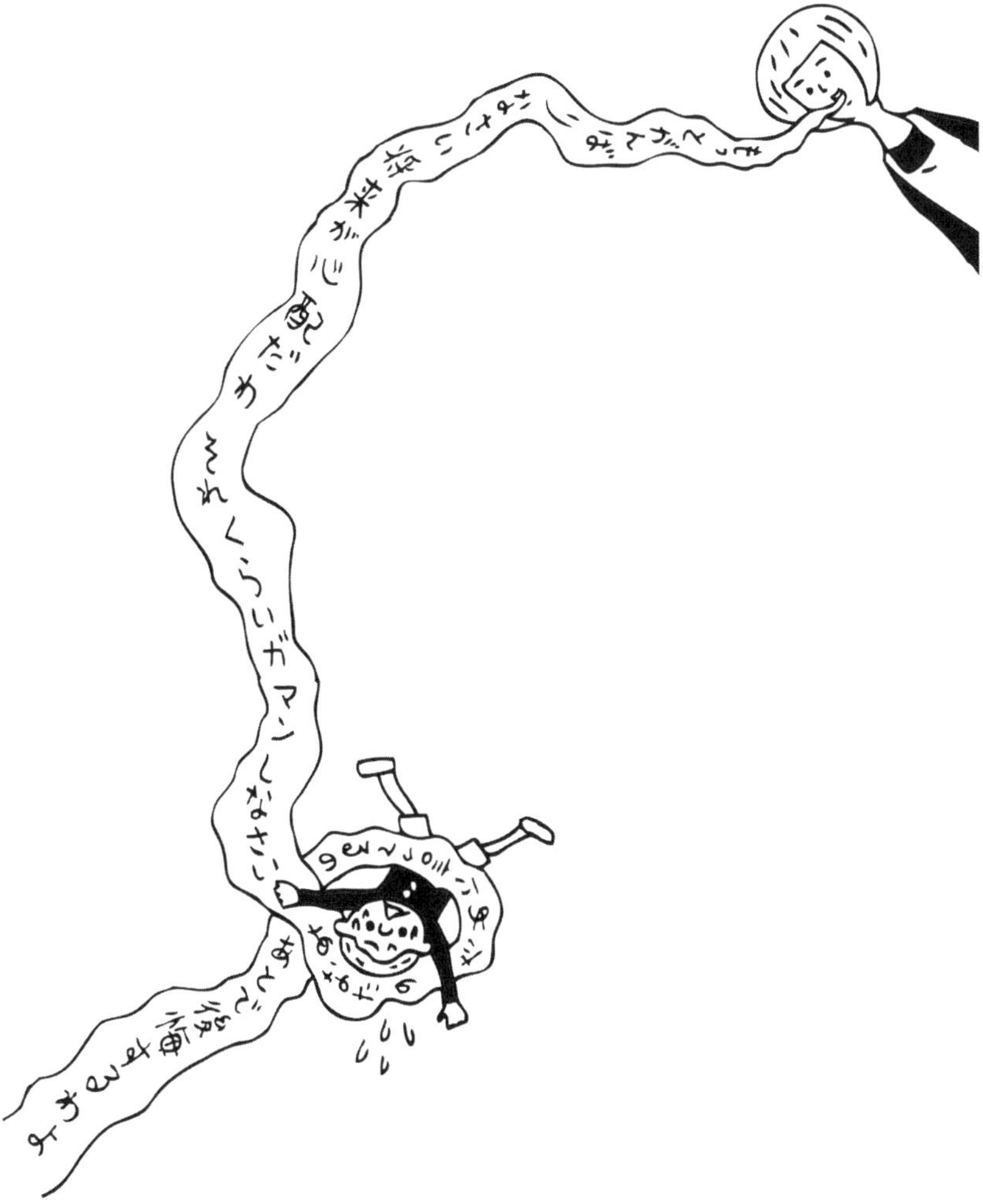

はじめに質問をさせてください。

今まで、お子さんに向かってこんな言葉をかけたことのあるお母さんはいらっしゃいますか？


「それくらい我慢しなさい！」

「みんなに嫌われるわよ」

「あとで後悔するのは自分だからね」

「あなた、友だち少なくない？」

「なんだかんだ学歴社会なのよ」

「それじゃモテないよ」

「あなたじゃなくて、親が笑われるのよ」

「入試に落ちていちばんつらいのは自分だからね」

「将来が不安だわ」

「大した容姿じゃないんだから、勉強でがんばるしかないよ」

「そんなこともできないの？」

「下手ね、みっともない！」
「あなたのためを思って言ってるの！」
「お姉ちゃんはもっとできたのに…」

小学校3年生～高校3年生の子どもたちに「親から言われて心が重くなった、イヤな気持ちになった言葉は？」というアンケートをとったところ、こんな言葉が続々と出てきました（まだまだありましたが）。

昔は子どもだった私たち大人も「親に同じことを100回は言われた」「親って絶対これ言うよね」と苦笑を交えつつ、実は自分自身もつい今しがた、同じ言葉を子どもにぶつけたばかりと嘆息しているのではないでしょうか？

これらはみんな子どもたちへのNGワードです。

私は別名**「呪いの言葉」**とも呼んでいます。

いきなり「その言葉は呪いの言葉ですよ」などと言われると、不穏で怖い気がしますか？

著者である私もまがまがしい言葉だと十分承知していますし、「呪い」と口にするたび心中穏やかではありません。

中には「愛するわが子に呪いなんかかけるわけがない！」と、心がざわつくような違和感を感じる方もいらっしゃるかもしれません。

でも、ママたちのこんな何気ないひと言は、やはり呪いの言葉なのです。

アンケートの結果から透けて見えるのは、わが子に「いい子になってほしい」「きちんとした子に育ってほしい」「リスクをひとつでも排除してやりたい」という不安いっぱいな親心。

しかし、親が伝えたい気持ちと子どもが受け取る感情には大きな齟齬《そご》が生じており、実際に子どもが感じるのは、親たちが無自覚のまま発しているネガティブなメッセージです。

「そんなこともできないの？」

「下手ね、みっともない」

「もっとがんばりなさい」

こんな言葉を毎日聞かされると、子どもの心には「ダメな自分、嫌われる自分、劣っている自分…」といったネガティブな自己イメージが住み着いてしまいます。それも知らず知らずのうちに、確実に、です。

これらの何気ない言葉が、子どもたちの自己肯定感を下げ、可能性をつぶし、成績が上がらない主たる原因になっているとしたら？

私は30年以上教育の分野で活動してきました。20歳での塾の創業にはじまり、中高一貫校での教育・経営改革、大学院における学び、大小さまざまな講演会、ママたちとの子育てのカフェスタイル勉強会（ママカフェといいます）、上場企業での企業研修…手探りでこつこつとフィールドを広げながら、たくさんの教育現場に深く関わってきました。

3500人を超える子どもたちを直接教え、講演会等を通じてのべ5万人以上を指導する中で、わかったことがいくつかあります。その核心のひとつが、

子どもは勝手にはつぶれない。

子どもは親の言葉によってつぶされている。

という現実でした。

そして何がつぶされるのかといえば、それは自己肯定感です。


自己肯定感とは何でしょうか？　さまざまな定義があるかと思いますが、私は、**「自分のことを価値ある人間である、素直に大切な存在であると感じる心」**と捉えています。

シンプルに言うなら、自分が好きで自分に自信がある、ということです。

それは「自分に対する肯定的な思い込み」ともいえます。


この自己肯定感の高低が、学力をはじめとする個人のポテンシャル、アイデンティティ、人生のクオリティにまで影響を及ぼすといわれ、大人にとっても大切なメンタリティです。

どんな親でもわが子の将来を考えれば、高い学力や社会に通用する常識を身につけさせたいと願うのは当然のことでしょう。でも、待ってください。それなら、子どもに確かな自己肯定感を持たせることがまず肝要で、学力やしつけより先に、お子さんに自分を肯定できる感性をしっかり育てていただきたいと私は思うのです。

本書では「子どもを変えるのではなく、まずは親の言葉を変えましょう」という提案をしていきます。

親の言葉が変わると、子どもの自己肯定感が上がります。
親の言葉が変わると、子どもの将来も変わります。

「呪いの言葉をやめて、魔法のことばを使ってみる」

何だか面白そうじゃありませんか？　もちろん、一銭のお金もかからないし、大した労力もかかりません。

「そんな簡単にはいくわけがない」「むずかしい」「無理だ」と考えるなら、うまくいかないかもしれません。でももし、あなたがもっと気楽に考えて、「よしそれならためしてみよう」と実行してみたら、きっと楽しい現実に出会えます。

言葉は、呪いにも魔法にもなるのです。
「呪いの言葉をやめるだけで学力が上がるなんて信じられない」といぶかしがるより、「いざおためし2週間」ぐらいの軽い気持ちで、ぜひやってみることをおすすめします。

魔法のことばは「軽く、明るく」使うことで、最大の効果を発揮するのです。

プレス・ザ・プレッシャー

ぜったい
ひっ
大丈夫!!
ガ
ジ
きっと、いや、ぜったい！
100％パーペキ究極
MAX エクセレント
大丈夫 大丈夫大丈夫
大丈夫ーーっ!!
大丈夫
ガチガチ
グシャッ
大丈夫
プチッ
あ

目次

第2章　子どもの自己肯定感を高める10の魔法のことば

第3章 悩めるママたちの相談室

カバーデザイン○轡田昭彦＋坪井朋子
カバー＆本文イラスト、４コママンガ○木村吉見
本文デザイン○本橋　健（ＮＡＴＴＹ ＷＯＲＫＳ）
構成○稲田美保

第1章

自己肯定感が低い日本の子どもたち

日本の子どもは「偏差値」を「自分の価値」だと思い込んでいる

日本の子どもたちの自己肯定感が、アメリカや中国、韓国の子どもたちに比べて、著しく低いことをご存じでしょうか?

「高校生の生活と意識に関する調査報告書」(平成28年文科省提出・教育再生実行会議資料)によると、「私は人並みの能力がある」という問いに「とてもそう思う」と答えた人はわずかに7・4%。

いっぽうで「自分はダメな人間だと思うことがある」という問いには「とてもそう思う」と「まあそう思う」という回答を合わせると、実に**72・5%もの日本の若者が「自分はダメな人間だと思うことがある」と答えており、**諸外国の子どもたちに比べて、自分を認める意識に大きな違いがあることが報告されています(21ページ・表参照)。

　この結果はお国柄や文化、歴史観、学校教育、家庭環境、本人の感受性など、さまざまな要因があるため、一概にその原因を特定することはむずかしいかもしれません。
　しかし、私が30年以上にわたり教育の現場に身を置いてわかったことは、

「日本のほとんどの子どもたちは、テストの成績によって自己肯定感をつぶされている」ということでした。

　小学校の低学年ぐらいまでは「学び」はまだまだ「遊び」の延長にあります。しかし、3、4年生にもなれば中学受験を意識して塾に通い始める子どもが増え、入室テ

表・自分はダメな人間だと思うことがある

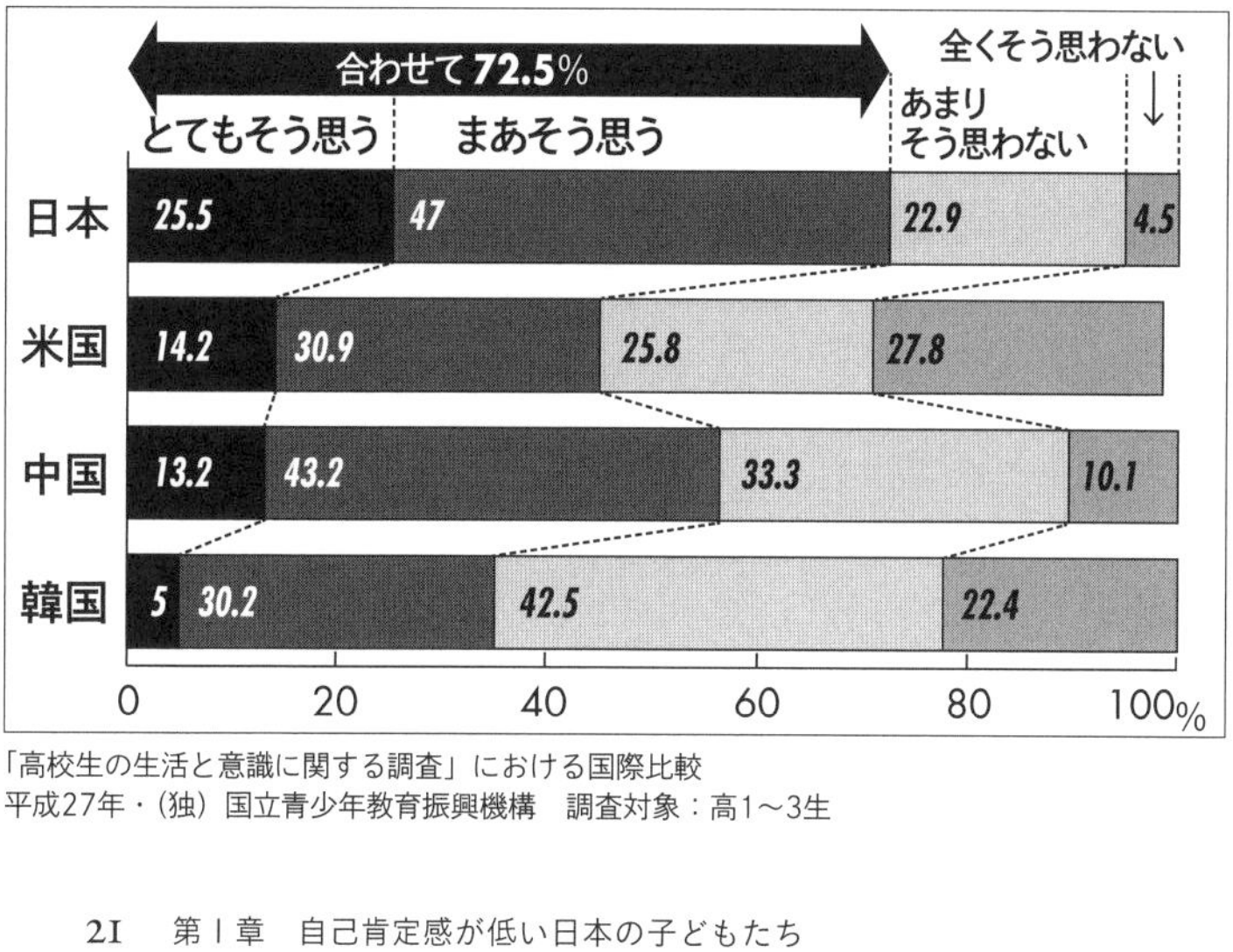

「高校生の生活と意識に関する調査」における国際比較
平成27年・(独) 国立青少年教育振興機構　調査対象：高1〜3生

ストや模擬テストなど、「ふるい」にかけられる機会が出てきます。

中学に上がれば、中間・期末の定期テストが始まり、結果はシビアな点数として視覚化され、子どもたちの中で無意識に順番づけが行なわれていきます。

さらに高校受験では「偏差値」がより身近な物差しとなって「学校の序列化」が行われ、学力の優劣はだれの目にもわかりやすくさらされることになります。

その結果、大多数の子どもたちが「学力が自分という人間の価値である」と思い込み、錯覚し、自信をなくしてしまうのです。

ちょっとだけ昔を思い出してみてください。あなたが子どもだったころ「偏差値72のあの子は、偏差値53の私より優れていて価値がある」…そんなふうに思ったことはありませんでしたか？

これを錯覚だと気づかないまま、大人になってしまった人たちも多いのです。

できない科目ばかり気にしていませんか？　その「短所いじくり」が子どもの学力を下げています

「長所伸展」と「短所是正」、どちらもよく耳にする言葉ですが、日本では「短所を直す」というやり方が主流になっているようです。

いっぽう欧米では、教育に限らずビジネスの場においても、いいところを見て褒めて伸ばすのがスタンダードです。**「長所をさらに伸ばせば、短所はあとから伸びていく」という考え方です。**

たとえばお子さんが「100点の英語」の答案用紙と「50点の数学」の答案用紙を持って帰ってきたら、何と声をかけますか？

多くのお母さんが「英語はいいとして、数学がひどくない？　英語はもういいから数学をもっとがんばって」と、100点の英語をさらりと褒めたあと（まさかのスルーもあり！）、50点の数学のほうに目をつけて、あれこれ注文をつけたり、チクリとイヤミを言うのではないでしょうか。

日本人の多くは、できているところ（長所）より、できていないところ（短所）が目につくのです。

「褒めるべきところは褒め、注意すべきところは注意する。これの何がいけないの？」

確かにそうなのですが、自己肯定感を高めることや学力向上の観点から言えば、この対応は間違っています。

「なぜできないの？」
「ちゃんと勉強したの？」
「やる気ないんじゃないの？」

答案用紙や成績表を見て、こんな対応を何度も繰り返せば、子どもたちに伝わるのは親のイライラや攻撃的な感情だけです。
応援や励ましのつもりの声がけが、怒りや皮肉やイヤミを含んでいたら、それは呪いの言葉がけにほかなりません。

「あなたのここがダメなのよ」「ここが間違っているの」と、できないところを親に断定され、根掘り葉掘りいじくられれば、子どものモチベーションは下がり、ますます数学が嫌いになって、苦手科目になるのは当然のことです。

ちなみに私は、塾の生徒やわが子がそんな成績をとったと報告に来たなら、「お、英語100点か。がんばったね。いいね、やったね」と、本気でさらりと褒め（正確には「認める」ですが）、「数学は50点か。あ、そうなのね」と、事実だけを受け取って（承知して）、終了！　です。

点数がよかろうが悪かろうが、終わってしまったことをあれこれ話しても意味がありません。

ここで重要なことは、子どもは50点がよいとは思っていないため、何かしらの不満足感を持っているということなのです。通常、子どもからは「どうすればいいかな？」とか「なんでダメだったのかな？」とアドバイスを求めることはしません。そこで私から「で、どうしたいの？」と聞きます。するとたいていは「もっと点をとりたかった」と言ってきます。そこで、「じゃあ対策会議をやろう！」と、間違えた問題についていっしょに解き直しや分析をします。

間違いが修正できれば、次回はできるようになりますから「間違いや失敗はお宝なんだよ」と、間違いや失敗をありがたがるよう指導しています。

こうした経験を続けるうち、子どもは間違えることや失敗することを恐れなくなっていくのです。

自己肯定感は、子どもの幸せな将来につながっている

「どうせ」「やっぱりできない」「無理」…自己を限定する言葉
「うざい」「きらい」「むかつく」…相手を拒絶する言葉
「私なんか」…自虐の言葉

自己肯定感が低い子どもの特徴として、このような「ネガティブな言葉」が、日常会話に出てくるという共通点があります。

私にはどれもみな「失敗したくない」「傷つきたくない」という子どもたちの嘆きや悲鳴に聞こえます。

トライしてもいい結果に結びつかないかもしれない。そんな悲しいダメな自分を見るの

はイヤだ、という「自己防衛の言葉たち」です。

子どもたちは日々、新しいものや人や出来事に出会い、そこで得た知識や感情体験を自分の中に積み重ねていきます。

自分に自信のある子どもほど失敗を恐れずチャレンジを重ねるので、成功体験も多くなり、たとえ失敗してもそれを「ひとつの経験」として学び、失敗を自分の血肉にしていくことができます。

反対に自分に自信のない子どもは、失敗を恐れるため、新しい体験の機会を前にしても行動することをためらいます。必然、成功体験が少なくなり、「逃げ癖」がついてしまう。自己肯定感の低い子どもは、自分の可能性を自分で封印してしまうのです。

また、人間関係で生じた摩擦やトラブルに対しても「自分は否定されている」と過剰に反応するため、心が簡単に折れてしまう傾向があります。そんなもろさも自己肯定感の低い子どもたちの特徴です。

自己肯定感の高い子どもは、

・「できる」「だいじょうぶ」「やってみたい」「平気」などのポジティブな言葉をよく使う
・自分の意見をきちんと伝えられる
・むやみに傷つかない
・人にも自分にも寛容（やさしい）
・無用のいさかいはしない

などの共通点があります。

自分を信頼している子どもは、他者のことも、自分をとりまく世界のことも信じているため、協調性が高く、また、物事を肯定的かつ楽観的に捉えることができます。「逃げ癖」とは逆に「トライ癖」がついているので、どんなことでもやりたがり、前向きに取り込む姿勢もできています。トライ&エラーを繰り返し、チャンスを広げていくのです。

要するに、自己肯定感の高い子どもはチャレンジ精神に富んでいるので、自分の才能を生かす機会に出会う確率が高く、「人生は楽しい」という前向きな気持ちになりやすいため、おのずと幸福度も高まるのです。

ひと言で言えば、

「人生をハッピーに生きる術を持っている」のです。

・ハッピーな人生を目指し、楽しい努力を重ねる自己肯定感の高い子ども

・他人や世間に認めてもらうために苦しい努力を続ける自己肯定感の低い子ども

あなたならわが子に、どちらになってほしいですか?

自己肯定感はどうやって手に入れるのか？
今は、遊びの場から学力へとシフトしています

近年の目覚ましいテクノロジーの進展に伴い、子どもたちの遊びの場は大きく変わりました。

パソコンやスマホが普及する以前の時代では、子どもの「遊び」は、単純で牧歌的とはいえ、今より多彩で多様性があったのではないでしょうか？

野球、木登り、魚釣り、昆虫採集、お人形さんごっこ、プラモデル作り、ローラースケート、縄跳び、カードゲーム、ぬり絵…。

その中にひとつくらいは自分の得意な遊びがあり、「すごいね」「上手だね」と、友だちや家族から認められる機会が多々ありました。

さまざまな遊びを通じて、

「期待されている自分」

「頼りにされている自分」

「必要とされている自分」

を無意識のうちに感じ、自分を肯定的に認める感受性が芽生えていったはずです。


遊びに限らず、ささいなことでも同様です。

かけっこが速い、怪獣の名前をいっぱい言える、人気アニメのキャラクターが上手に描ける、本をたくさん読んでいる…。

「すごいね」と認めてもらえることがひとつでもあれば、子どもは自分を誇らしく感じ、自然と自己肯定感が育つ土壌が整備されていきます。

しかし昨今では、遊びの場はコンピュータゲームに集約され、ゲームがさほど得意ではない子どもたちにとって、自分が認められるチャンスはぐんと減ってしまいました。


では現在、多くの子どもたちはどのように自己肯定感を培うのでしょう?

それは以前のような遊びの場ではなく、学びの場での「主要科目の学力」です。「学力によって自分を測る」という現象は、時勢や風潮という言葉で簡単に片づけたくはないですが、もはや認めざるをえない現実となっています。

もちろん、学力がすべてとは言いません。

体育や音楽や美術の能力がずば抜けている「才能を持っている子どもたち」は、「自分はすごい！　自分はできる！」という確固たる自信があるため、たとえ主要科目の成績が低かろうと、自己肯定感はさして下がりません。

「あー、国語のテスト40点だった…」と、凹んだとしても、いっときです。「国語はイマイチかもしれないけれど、自分にはほかに才能があるからだいじょうぶ」と、安易に自分を否定することをしないのです。

しかし、ほとんどの子どもは、そういった突出した才能や特殊な技能を持ち合わせない「ごく普通の子ども」です。

大多数であるごく普通の子どもたちは「学びの場」において、学力という容赦ない大人目線の物差しで点数をつけられ、必要以上に自己肯定感を下げてしまうのです。

では、そんなごく普通の子どもたちの自己肯定感を引き上げるには、どうすればいいのでしょう？

いちばん簡単な方法は、学力を上げることです。

学力による序列により自己肯定感が凹まされてしまうのなら、学力を上げて自己肯定感を取り戻せばいい。実にシンプルな方法です。

こんなふうに言うと、必ず「だからそれが大変なんじゃないですか！」と、みなさん苦笑されます。でも、子どもにとって自分に自信を感じる学力、自己を肯定できる学力のレベルは実にさまざま、百人百様です。

私が子どもたちの学力を上げることに注力するのは、日本中の子どもたちにガリ勉をさせて、偏差値70以上を目指し、名だたる難関校に入れたいためではありません。

「幸せな人生を生きていくために必要な自己肯定感」を子どもたちに持ってもらいたいと思っているからです。そのためには相応な学力が必要となるのです。

実際、音楽や体育、美術の特別な才能の開花を期待するより、学業の成績を上げるほうが近道です。なぜなら、子ども時代は圧倒的に主要教科の勉強で時間が占められているからです。

自己肯定感を上げれば学力も上がる。学力が上がれば自己肯定感も上がる。

これまでたくさんの子どもたちの実例を見てきましたが、「自己肯定感」と「学力」は、密接にリンクしています。

さながら「鶏が先か、卵が先か？」のような因果性のジレンマですが、私はまた、自己肯定感は何かの分野でひとつ手に入れてしまえば、おのずと増殖していくものだと考えています。善玉菌の核みたいに、です。

分裂が始まれば、善玉がどんどん増えていく。しかし、核がなければ、ひとつとして善玉は増えません。

その核なるものを作るきっかけとなるのが、毎日の親の言葉なのです。

子どもの自己肯定感を破壊する３つの呪いの言葉
①「早くしなさい」

「子どもが傷つくような言葉は言わないようにしている」

「言葉がけにはじゅうぶん注意を払っている」

こんなふうにお子さんとの会話に気を配っているお母さんたちでも、ついつい口にしてしまっている強力なネガティブワードがあります。


「早くしなさい」

「ちゃんとしなさい」

「勉強しなさい」

この3つのワードは、母親が子どもにかける言葉のトップ3であり、みなさんもきっと身に覚えのあることでしょう。口癖になっているお母さんも多いのではないかと思います。

しかし、この何気ない（特にインパクトがない）3つのワードこそ、子どもの自己肯定感を破壊する、いちばん使ってはいけない「マイナス効果100％の呪いの言葉」なのです。

手っ取り早く言ってしまえば、この3つの呪いの言葉を極力使わず、日常生活から葬り去ることができれば、子どもたちの心は前向きに変化していきます。

「なぁ〜んだ簡単！」ですか？　いえいえ、これが簡単ではありません。いくら頭でわかっていても、使わずにいられないのがママたちの現実だからです。

「早く起きなさい」「早く支度しなさい」「スマホ見てないで、早く寝なさい」…のような「早く」という言葉は、日常生活でママが最もよく使う副詞のひとつです。

しかし、子どもと親の時間の感じ方には、大きな違いがあることをご存じでしょうか？

「人間が感じる時間の長さは年齢と反比例の関係にある」

これはジャネーの法則といわれるもので、たとえば、10歳の子どもにとって1年の長さは人生の10分の1ですが、40歳の大人にとっては1年は人生の40分の1の長さに過ぎません。すなわち、大人のほうが圧倒的に時間を短く感じているという考えです。

この法則に則《のっと》れば、40歳の親の1時間は、10歳の子どもの4時間に相当することになり、少々乱暴な解釈ではありますが、大人に比べて、子どもたちの時間は4倍もゆっくり流れていることになります。

「早くしなさい！」
「今やろうと思ってたのに！」

親子の間で起こるお決まりのひと悶着は、こんな体感時間のズレも大きな要因のひとつと考えられます。

子どもたちの時間は、大人に比べ何倍も濃密で、ゆったりと流れているということを、うっすらとでいいですからまず覚えておいてください。

さて「早くしなさい」のいちばんの問題は、お母さんの言葉が「アラーム」と化して、子どもをコントロールしている点にあります。

たとえば「もたもたしないで早く学校に行きなさい！」と、お母さんが毎朝子どもに声をかける。どこの家庭でも繰り広げられている、よくある光景です。

しかし、なぜこんな声がけを毎日繰り返すかというと、「時間になったら家を出る」という習慣が子どもにできていないからです。

「親が早くしないと遅刻するわよ、と怒鳴ったら家を出る」というルーティンが子どもに出来上がってしまっているわけです。

親の「早くしなさい」が時計のアラームになってしまって、子どもは親が「早くしなさい」と言うまで行動を起こしません。アラームが鳴るまで取りかからないのは当たり前のことです。

同じように、親が起こさないと朝起きないというのも、親が目覚まし時計をやってしまっているからでしょう。

もうおわかりかと思いますが、親が「早く」を言い続ける限り、子どもは安心して時間を守らず、安心してぐずぐずし、行動を起こしません。

「早く」という親の言葉のアラームが習慣化し、子どもがそのアラームにコントロールされているのです。

大人になっても、ひとりでは起きられない、定刻に家を出られない、待ち合わせに遅れる…など、遅刻が常習化してしまうのは、一部の例外を除いて、こんなところに大きな要因があります。

子どもの自己肯定感を破壊する3つの呪いの言葉
②「ちゃんとしなさい」

「ちゃんと食べなさい」
「ちゃんと着なさい」
「ちゃんと座りなさい」
「ちゃんと挨拶しなさい」

しつけのシーンでよく口にし、耳にする言葉ですが、改めて考えてみると「ちゃんと」という言葉は、抽象的で曖昧な、よくわからない言葉だと思いませんか？

「ちゃんと」っていったい何でしょう？

言ってるほうの親が実はよくわかっていなかったりするので、言われた子どもは「ちゃんとって何？　わからない」と素朴に「？」が頭に浮かんでいるはずです。

実は「ちゃんとしなさい！」というのは、親にとって都合のいいストレス発散用語であり、イライラ波立った感情を言語化して言っているだけだったりするのです。

「ちゃんとしなさい」という言葉の裏には、「いい子でいてね」「私に恥をかかせないでね」という身勝手な親の希望と都合が隠されています。

こんな言葉を言われ続けた子どもは、

「自分はちゃんとできないダメな子どもだ」

「自分は何かが足りてないのだ」

「自分は親に恥をかかせる不出来な存在だ」

と、劣等感や欠損感を無意識に感じ続けることになります。

「ちゃんとしなさい」という言葉は、子どもに、じわじわと自己否定感を植えつける強力な呪いの言葉なのです。

子どもの自己肯定感を破壊する3つの呪いの言葉
③「勉強しなさい」

「勉強しなさい！」と1回言うたび、偏差値はひとつ下がります。

これは少々大げさな表現ではありますが、あながち的外れの警句でもありません。「勉強しなさい」は、それほど負のパワーを持った言葉です。

そもそも、ガリ勉する子がみんな勉強ができるわけではありません。本当に勉強のできる子どもは、勉強を勉強だとは思っていません。

「楽しいから」「面白いから」やっているのです。

学力は、自発的に、前向きに勉強するから上がるものです。強制されてやっても、効果は知れています。強制されれば、前向きな気持ちは削《そ》がれます。

勉強に対して心がマイナスな状態（面白くない、つらい、やりたくないという心持ち）では、いくらがんばってやったところで、学力は上がらないのです。無理やりやらせたところで、決して身にはつきません。

たとえ成績が上がったとしても、それは一過性のもので、継続的な積み重ねによる高い学力を身につけることはできないでしょう。


学力を上げるために必要なことは、たったひとつです。

「子どもの心の状態を上向きにすること」

これに尽きます。

（子どもの心を上向きにする具体的な方法は、第2章で詳しくご説明します）


子どもは本来、例外なくみんな「学び好き」です。知らないことを知りたいという欲望は、食欲や睡眠欲などのプリミティブな欲望に匹敵するといわれているほどで、学ぶことを求めるエネルギーは、どんな子どもも必ず持っています。

だとすれば、そのエネルギーが出やすいように、子どもの心の状態を明るく、軽くしてあげるだけでいいのです。

親がヒステリックな調子で繰り出す「勉強しなさい」という言葉は、子どもの学ぶエネルギーを凍結させます。

子どもの心を下向きにしてしまうのです。

心が下向きになると、子どもは「勉強」への興味を失います。

偏差値も下がります。

「しなさい」と命令されたり、強制されることはやりたくないから当然のことですね。

嫌がることを強制しない
イヤミを言わない
怒り続けない

たったこれだけで、子どもの心は上を向き始めます（でも、これができないから多くの方は困っているのですよね。ではどうしたらいいか。それに応えるのが本書です）。
「親が勉強しなさいと言わなくなったとたん、子どもが勉強し始めた」という事例は枚挙にいとまがありません。相談を受けている全国のお母さんたちからも「先生、言うのをやめたら、子どもが本当に勉強を始めました」といった報告を数多くいただいています。

「早くしなさい」
「ちゃんとしなさい」
「勉強しなさい」

この3つのワードは、どれも「人から言われないとやらない」自主性を失わせる言葉です。

この言葉を言われるたびに子どもたちは「あなたは言われないとできない子だ。ダメな子だ。弱い子だ」というメッセージを受け取り、やがて「自分はダメな人間だ」と思い込んでいきます。

それが悪意や憎悪に満ちた言葉なら自制もできるでしょうが、お母さんにとってこの3つの言葉は、いわば「生活必需語」とも言えそうな、便利で何気ないひと言です。数回言われたくらいではダメージもない言葉ですが、毎日毎日言われ続けたらどうでしょう？

母親のイラだった感情とともに負のメッセージは、心にじわじわ沁み込み、確実に子どもの自己肯定感をつぶしてしまいます。

だからこそ私は、呪いの言葉と呼んでいるのです。

ためしに心の中で、自分に呪いの言葉をかけてみると…

もしあなたが、夫やパートナーからこんなことを言われたらどう感じるでしょうか？想像（妄想）してみてください。


「さっさと料理作れよ」

「ちゃんと掃除しろよ」

「なんで毎日洗濯しないいんだよ。するだろう、普通は」

「テレビばっかり見てないで、早く食器洗えよ」


何だか上から目線で偉そうに、ときにイライラしながら言われたとしたら？　気持ちよく家事や仕事をこなせますか？

「さっさと作ってるでしょう！」

「ちゃんとってどんな？　やってるわよ」

「普通？　私には私のペースがあるのよ」

「うるさいな、このドラマを見終わったらお茶碗洗うつもりでいたのよ！」

こんなふうにカチンときませんか。やる気は削がれるし、とてもじゃないですが、いい気分ではいられないですね。

子どもたちだって、いっしょです。

上から目線の命令口調で次々と呪いの言葉をかけられた子どもたちは、カチンときてるのです。

ぜひ、ためしに上記のような擬似体験を心の中でやってみてください。

ネガティブな言葉がいかに威力があるか？　子どもたちの気持ちがちょっと、いやけっこうわかるはずです。

「今日のごはん、おいしかったよ」
「毎日、掃除してくれてありがとうね」
「いつもふかふかのバスタオルでうれしい」

呪いの言葉とは逆に、ねぎらいや感謝の言葉をかけられたら、親でも子でも夫でも妻でも、うれしいものです。

「さあ、明日もがんばろう！」と、気分上々となり、心は自然と前を向いていきます。

子どもの自己肯定感と学力を上げるためには、心がプラスで満たされていることが不可欠です。なぜなら人は心が満たされると、やりたくなかったことも「やってもいいかも」と、いい意味での「心変わり」という寛容さが出てくるのです。

言葉の力は、マイナスにもプラスにも平等に発揮されるということです。

呪いの言葉をやめるだけで、自己肯定感は上がっていきます

親が言葉の習慣を変えるだけで、子どもの学力が上がるという現実を何度も目の当たりにしてきました。

いや、それ以上かもしれません。言葉がその人やその人の人生を作っていくのだという**言葉で人は変われるのです。**

ことを、教育の現場や講演活動を通して気づかされました。

子どもはたいへん素直です。親の言葉を疑いもなく、心で受け取り、吸収します。

少し前のことですが、塾のひとりの生徒が「私は勉強ができないから」と頻繁《ひんぱん》に言い出すようになり、その言葉を追いかけるように成績が落ちていったことがありました。

心配になって、生徒のお母さんと面談したときに「うちの子は私に似て本当は勉強が苦手だから」と何度も繰り返すのを聞いて、愕然《がくぜん》としたことを覚えています。

お母さんの「本当は勉強が苦手」という言葉が、いつの間にか子どもに刷り込まれ、その通りに現実が作られていったのです。

まさに呪いの言葉ではありませんか？

「繰り返された言葉は、その通りに実現される」

言葉は繰り返されることによって、強力な暗示となり、人間の振る舞いや考え方、果ては容姿や雰囲気にまで影響を与えます。

こう考えると、言葉とは自分そのものなのかもしれません。

コーチングの世界に「オートクライン」という用語がありますが、これは「自分が発した言葉を聞くことによる自分自身に与える影響」のことを言います。

親が子どもに言葉をかけるとき、親（本人）もまた自らが発した言葉を耳と脳で再確認し、影響を受けていることになります。
だとすると、繰り返し子どもにかけているネガティブな言葉は、もれなく親自身の体内にも入り込んで、意図しない負のメッセージを親本人にもちゃんと伝えているのです。

「みんなからバカにされるわよ」と言えば、子どももあなたも不安になる。
「そんなこともできないの?」と言えば、子どももあなたも無能になる。
「悪い子だね」と言えば、子どももあなたも悪い人になる。

親子ともどもダメになっていくという一石二鳥のマイナス版のようなものです。
「子どもを呪わば穴ふたつ」と肝に銘じて、まずは呪いの言葉をやめてみましょう。
そして、ネガティブな言葉をなるべく使わないよう意識してみてください。

呪いの言葉をやめれば、呪いはとたんに解けるものです。

オトナだって…

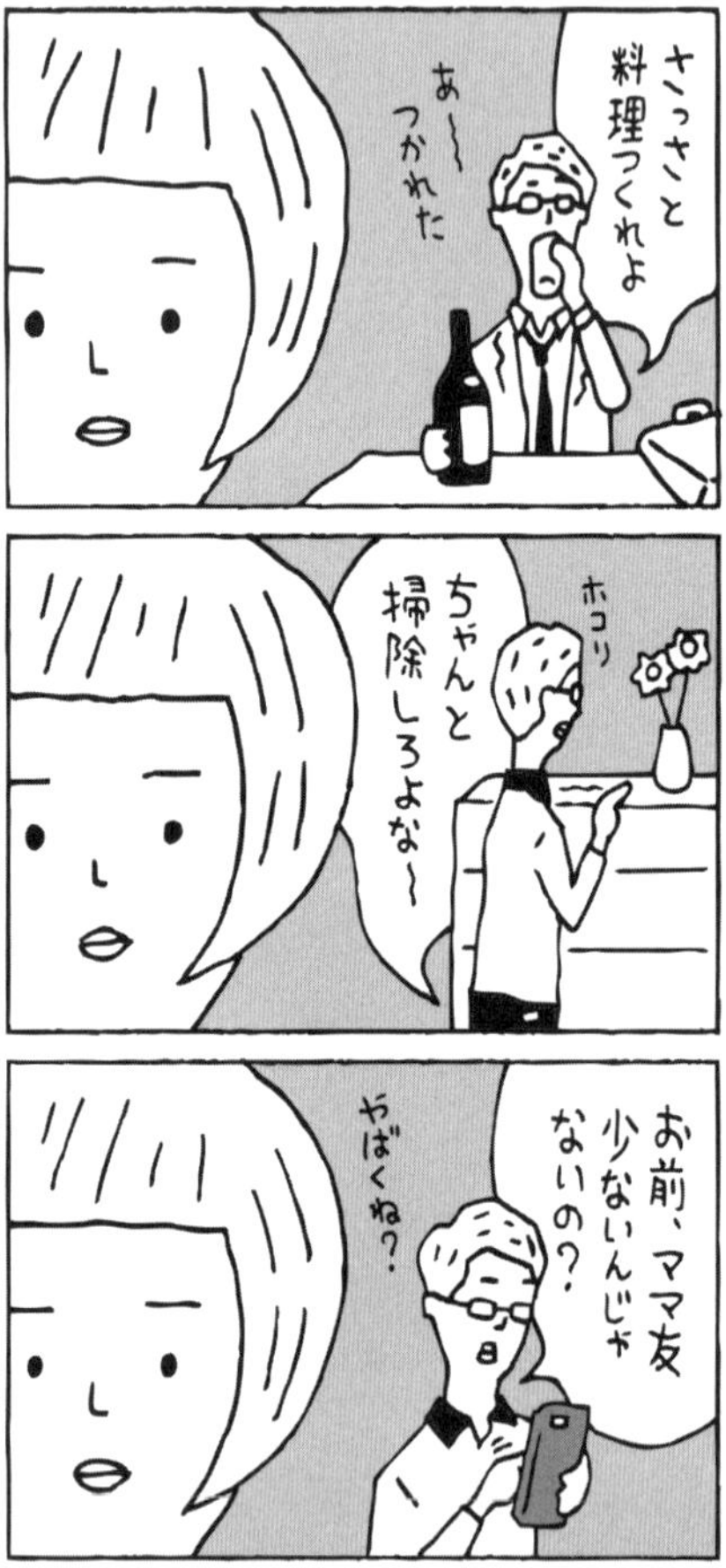
さっさと料理つくれよ
あ〜〜つかれた
ちゃんと掃除しろよな〜
ホコリ
お前、ママ友少ないんじゃないの？
やばくね？
そりゃキレるわな
プシュ〜
ピクッ…
ピクッ

第2章

子どもの自己肯定感を高める10の魔法のことば

魔法のことばを使って、呪いの言葉を封印する

マイナスワード（呪いの言葉）をやめるだけで、子どもたちの自己肯定感は確実に上がります。けれども口癖のようになっている「習慣化されたマイナスワード」を短期間でゼロにするのは、なかなかむずかしいことです。

「言わないでいると、もっとイライラしてしまう」

「わかってはいるけれど、やめられなくて落ち込んでしまいます…」

こんなふうに悩みを深め、自信をなくし、罪悪感すら感じてしまうお母さんもいることでしょう。

そんなとき、ぜひ「プラスワードの声がけ」をやってみてください。

われわれ人間は、マイナス面とプラス面に意識を同時にフォーカスすることはできません。怒りながら笑う、攻撃しながら受容する、悪口を言いながら信頼する…これは至難の業ですね。

「笑う」「認める」「信頼する」といったプラス面に自分の意識をフォーカスすることで、マイナスの気配はおのずと相殺されます。

言葉がけも同じです。

プラスワードとマイナスワードを同時に使うことはできませんから、プラスワードを頻繁に使うことで、マイナスワードはどんどん減っていきます。

またマイナスワードを言ってしまったあとでも、プラスワードを使うことで「言葉の上書き保存ができる」利点もあります。

ですから「今日も子どもにダメ出ししすぎてしまった」「また呪いの言葉を使ってしまった」と、自分を責めたり、落ち込んだりせず、子どもたちのいいところを見つけて（もし今は見つからなくても）、気軽に、せっせとプラスワードを連発して、心地よい言葉を上書き保存してほしいのです。

「マイナスワードを減らすために、プラスワードを使うこと」で、シンプルに、より早く、お子さんの自己肯定感を高めていきましょう。

第2章では、「子どもの自己肯定感を高める10の魔法のことば」と、実践的な言葉がけの方法をお伝えしていきます。

子どもの才能を伸ばす3つの魔法のことば

承認のマジックワード

①すごいね
②さすがだね
③いいね

「こんな平凡な言葉がマジックワードなの？」と拍子抜けされた方も多いかと思います。

この3つの言葉をはじめ、これから順に紹介する**10の魔法のことばは、どれも短くて、シンプルで、よく耳にする「どうということのない言葉」**です。

インパクトのある名言至言の類ではありませんし、意外性のある言葉でもありません。

メンタルトレーニングやコーチングの世界に限らず、子どもたちのやる気を喚起し、反省を促し、勇気づけをする言葉は世の中にたくさんあります。

でもそんな言葉が、とっさのタイミングで出てきますか？

「えっと、こんなときは何て言うんだっけ？」と迷ったあげく、ジャストタイミングで使えない言葉なら、それは実践的な言葉ではないと私は思います。

褒めるにせよ、お説教をするにせよ、親はくどくど言ってしまいがちですが、長い話というのは、なかなか心に留まりません。子どもたちの印象に残るのは、親の熱い思いでも言葉でもなく「長いなぁ。もう聞きたくないよ」というネガティブな感情です。

ところが短い言葉であれば、子どもたちは、言葉が語らないプラスアルファについて想像を開始します。**それがプラスワードならポジティブな想像が広がり、言葉が持つ「快」のエネルギーとともに心の奥まで浸透していくのです。**

シンプルでいつでもどこでもだれでも使えて、確実に子どもの心に届く、とても効果の高いワード。それが私の提案する「魔法のことば」です。

この「よく効く魔法のことば」は、とてもシンプルで使いやすい言葉ですが、使い方にはちょっとした注意点（コツ）があります。

使い方のコツ1

魔法のことばは「軽く、明るく、さりげなく」使う

「褒めて育てよ」という教育理念があるように、褒めることは決して悪いことではありません。

しかし、私はいつも「褒めるのではなく、徹底的に認めてください」と申し上げています。認めるという行為は、褒めるとほぼ同義のようですが、「お子さんを褒めてください」と言うと、たいてい大げさだったり、わざとらしかったりするものです。

そんな不自然な褒めの姿勢に、子どもたちは「うそ臭い演技」を嗅ぎつけます。親が繰り出すうそを見抜いて、反発したり、不安になったり、がっかりしたりという反作用を起こして「うざい」とはねつけてしまいます。

では「わざとらしく」ならないようにするにはどうしたらいいのでしょう？

そのコツのひとつが、軽くしゃべることです。

明るく、さりげなく、認めることです。

「認めること」は、大げさに意識しなくても、だれでも、いつでも表現できるポジティブな行為であり、無理がないため、子どもに真意が伝わりやすいのです。

また「褒めること」に比べると、相手への刺激が小さく、飽きられることも少ないので、子どものやる気や自己肯定感を高めるには最適な言葉でもあります。

ぜひ「すごいね」「さすがだね」「いいね」と簡潔に表現してください。

押しつけではなく、ふわり、ゆるりと体内に入ってくるものには、人は抵抗しようがないものです。リラックスすれば体も心も気持ちも緩んで、緩めば言葉は子どもの心の奥に淀《よど》みなく入っていきます。

親や周囲に「あるがままを認められた子ども」は、ますますみんなに認められようと、楽しい努力を重ねていきます。

「軽く、明るく、さりげなく」という伝え方のコツは、この３つの言葉に限りません。「子どもの自己肯定感を高める10の魔法のことば」すべてに共通する、使用上のいちばん重要な注意点であり、伝え方の極意でもあります。

ですから、くれぐれも一所懸命に褒めないでください。

褒めようとして、がんばらないでくださいね。

使い方のコツ2

「すごいね」「さすがだね」は、勉強面では使ってはいけない

お子さんがテストで100点をとってきました。ご両親とすれば待ってましたとばかりに絶賛したいところでしょう。がんばったわが子を褒めたい、褒めてあげれば次のテストでも100点を目指してがんばるだろう。親としての下心もあるはずです。

しかし、ここで「すごいね」「さすがだね」もしくは「えらいね」という言葉を使わないほうがいいでしょう。

ほとんどの人が犯している、いちばん気をつけなければならない失敗がこのことです。

「すごい」や「さすが」や「えらい」は、勉強については使用厳禁の言葉なのです。

なぜダメなのでしょうか？

「すごいね！」「さすがだね！」と褒められれば、お子さんはもちろんうれしいし、誇らしくもなるでしょう。いっときは充足感や高揚感に満たされるはずです。

でも、次のテストで70点をとってきたら、どうでしょうか？　100点をとってきたときのように手放しで喜べますか？

「すごいね！　70点だね、素晴らしい！」と言ってみたところで、そんな見えすいた演技が子どもに通用するはずがありません。心からすごい！　とは思ってはいないのですから。引きつった笑顔の裏側にある本音＝失望や落胆や不安を含んだ親のまなざしを、子どもたちは必ず見抜きます。おそらくイヤミとしてしか伝わらないでしょう。

テストの点数が下がると、たいていのママたちは、

「まあ、残念だったね。次に取り返せばいいよ」（慰める）

「ちゃんと勉強した？　努力が足りなかったんじゃない？」（いさめる）

もしくは、

「これがきっと本来の実力なんだろうね」（イヤミを言う）

こんな反応になるのではないでしょうか？

このようにテストの点数によって、親の反応は上がったり下がったり…、乱高下して揺れるわけです。

これでは子どもは「たまたま100点をとれた自分は素晴らしかったけど、100点をとれない自分はダメなのだ」と親の心情にリンクして、不安定に揺れてしまいます。

やがて親の愛情を受け取るためには、テストで点をとらなくてはならないという価値基準が出来上がり、今後の人生を親の価値観に沿うように生きることになります。

親がテストの結果に振り回されてはいけない、ブレてはいけないわけはここにあります。子どもが「次も褒められるためにがんばって100点をとらなくてはいけない」と余分なプレッシャーやストレスを抱え込んでしまうのです。

プレッシャーががんばるエネルギーになるのでは？　と思われるかもしれませんが、実は、良いプレッシャーと悪いプレッシャーがあります。通常、勉強では悪いプレッシャーが影響します。

勉強は、がんばったらいけません。むやみにがんばると、いずれ点数は落ちていきます。

勉強というものは、知りたい！　わかりたい！　という好奇心がなければ先へは進みません。好奇心を満たす学びや作業は、子どもにとって楽しく、面白く、興味深いものです。がんばる必要などどこにもありません。好きなこと、やりたいことは、努力しようと思わなくても自分からどんどんやってしまうものです。

いっぽうがんばらなければできないものは、強制されていることや、本意ではなく仕方なくやっていることが多いものです。

それが子どもにとって余分な悪いプレッシャーになっています。

たとえ一所懸命にがんばって成績が上がったとしても、それは一時的なもので、自分から進んで学んで得た達成感や充足感、学ぶことの本質的な喜びにはつながらないのです。子どもにモチベーションを与えているつもりが、ただの悪いプレッシャーになっている。

この事実を、ぜひこの機会に気づいていただきたいと思うのです。

もちろん、お子さんの１００点をシンプルに喜ぶのはとてもいいことです。

「あなたはえらいね」とは伝えずに（ジャッジはせず）、「お母さんはうれしいな」と自分

の気持ちを素直に発露するのは、とてもよい反応です。

コミュニケーション学の世界では「アイ・メッセージ」と言いますが、「私」を主語にして、自分自身がどう感じているかを相手に伝えるやり方のことです。

「うれしいな」と純粋に喜ぶお母さんの姿を見て、お子さんはうれしいでしょうし「よし、またお母さんを喜ばしてあげたい」とモチベーションも上がっていきます。

使い方のコツ3

勉強については「いいね！」を使う

勉強に関しては「すごいね」「さすがだね」が使用禁止用語だとすると、勉強でがんばったわが子をどうやって褒めればいいのでしょう？

そこで登場するのが

③いいね

です。

私は塾の生徒や自分の子どもたちには「いいね」を使うようにしています。

「え、満点とれたの？　おお、いいね」

「そっか、そっか。いいね、いいね、よかったね！」

こんなふうにさらりと「キミの努力を認めているよ、私もうれしいよ」という気持ちを込めて伝えて、はい終了。以上！　です。

次のテストで70点だったときには「そっか、そっか。今回は70点だったんだ」と結果を単なる事実として受け取るだけにしています。１００点だろうが50点だろうが、私の対応は「相手を認める」ことに変わりはありません。

「いいね」という言葉は「褒める」というより、「認める」という意味合いが強いものです。また、軽さを持ち合わせた言葉でもあります。

大げさな褒め言葉は、刺激が強く、使い減りもするので、使い方には注意が必要です。

いっぽうで広義では「褒める言葉」でもある「いいね」は、言葉そのものが軽く、汎用性も高いので、勉強に限らず、あらゆるシーンで頻繁に、いつでも使えるワードです。

この軽さが「いいね」という言葉のいちばんの魅力であり効能です。

「いいね（＝キミを認めているよ）」という言葉を継続して耳にしている子どもは、自分の存在を肯定され、尊重されていることを実感します。

親子の信頼関係は勉強以外の場で築かれる

「さすがだね」「すごいね」という言葉を、なぜ勉強について使ってはいけないのでしょう?

もう少しお話ししましょう。

そもそも勉強は学校で習うものであり、先生から教えてもらうものですね。子どもにとって親は親以外の何者でもなく、決して教師ではありません。でもほとんどの親御さんが「教師」をやっていたりします。

親が子どもの勉強について評価したり、指示したり、指導したりしますが、「親の教師化」は、**子どもとの関係をぎくしゃくさせる、いちばんの原因です。**

親は教師ではない。このことをきちんとわかっていれば、勉強について褒めたり、叱ったりする言葉を使うことは、圧倒的に少なくなるはずです。

なぜなら勉強とは、間違いや失敗を重ね、試行錯誤しながら先に進んでいくものだからです。

点数が悪くて当たり前、間違って当たり前。エラーやミスを何度も直して、正解に至るプロセスを繰り返し覚えて、点数なり成績なりをとっていくのです。

間違いをたくさんしてこそ成長する。むしろ、間違えなければ成長できないのが勉強なのに、親は間違いや欠点を見つけるたびに「何でできないの?」「ここがダメね」と指摘して、成長の機会をつぶし、子どもを萎縮させてしまいます。

勉強において「間違いを指摘する」のは、教師や講師たちプロの領分です。

だから勉強については、叱る、指摘する、または褒める言葉は、プロ以外は使わないのが肝要なのです。

親と子の信頼関係は「勉強以外の場」で築くものです。

ですから「すごいね」「さすがだね」などのワードを、勉強以外の日常生活でたくさん使ってください。意識してたっぷり、と。

いっしょに見る、食べる、おしゃべりをする、遊ぶ、運動をする…、勉強以外の場でさまざまコミュニケーションをとりながら、揺るぎない信頼関係を作ってください。勉強以外の場でこそ、親子は強固な信頼関係が作れるからです。

子どもは親の言葉を聞きながら「自分はすごい。自分には価値がある」という自信をつけていきます。

そんな日常で作られた自信は、やがて勉強へのやる気に波及します。

使い方のコツ4

勉強以外のささいなことを積極的に褒めてみよう

勉強ではNGな「すごいね」「さすがだね」の褒めワードですが、日常生活ではどんなシーンで使えばいいのでしょうか？　たとえばこんなときです。

●水泳で潜水ができたとき

↓

「え、もう潜れちゃったの？　すごいね！」

スポーツや図工、楽器の演奏などは、子どもの可能性や才能がわかりやすく表れる分野です。褒めておだてて、どんどん調子に乗らせてください。「楽しい！」「面白い」と、調子に乗った子どもたちは、ほかの分野でも必ず伸びていきます。

●子ども会のキャプテンやグループのリーダーに任命されたとき

↓

「さすがだね」「かっこいいね！」「頼りがいがあるんだね」

リーダー役に限らず、どんなささいな係やロールでも、子どもの役割を認めて褒めること。これで責任感ややる気、リーダーシップが芽生えます。

●テレビのクイズ番組を見て正解したとき

↓

「えらい！　よく知ってるね！」「頭いいね」

「正解！」と言われれば大人だってうれしいものですね。クイズの解答は子どもを褒める絶好のチャンスとなります。すかさず何度も褒めて「賢いかも」「天才かも」とグッドな勘違い（?）をさせてください。

●キュウリの輪切りが上手にできたとき

↓

「すごい。ママより上手いんじゃない？」「料理の才能あるよ」

子どもが果敢にトライしたことには、すべてにOKを出してください。能力（技量）をしっかり褒めることで、子どもは自分の才能を見出します。

●虫を捕まえて外へ逃がしてあげたとき

←
「カッコイイ！」「〇〇はやさしいね」
子どものさりげない心遣いややさしさや思いやりを褒めると「あなたのいいところを私はちゃんと知っているよ」「お母さんはうれしい」というメッセージが伝わります。やさしさを褒められた子はやさしい子どもに育ち、賢さを褒められた子どもは賢く育ちます。プラスワードの効果は絶大です。

●友だちが多いこと

←
「それはあなたの才能だよ」「うらやましいな」「とってもいいこと」

高いコミュニケーション能力があること、多くの人から愛されていることなど、子どもの人間的魅力を褒めることは、大きな自信になります。また豊かな人間関係は、人生の大きな財産であり、才能であることも伝えましょう。

●スマホのゲームに熱中しているとき

←

「うまい！　すごいね、めちゃくちゃ早いね。どうなってるのその指技は！」

ここではあきれたりイヤミを言うのではなく、シンプルにテクニックを褒めてみてください。子どもの心を満たし、心を上向きにすることが褒め言葉の狙いです。

(ゲームにハマる子どもへの対処は、135ページで詳しく述べます)

そのほかにも、まだまだ「褒めるシーン」はふんだんにあります。たとえば、

- 腕相撲が強い
- 犬猫になつかれる
- ゴミの仕分け作業が上手い

・CMで覚えた英語の発音がやたらいい
・好き嫌いなく何でもよく食べる
・モノマネが上手
・固いビンのフタが開けられた…など、いくらでも探せますね。

ささいなこと、しょうもないと思われることが、実は絶好の「褒めポイント」です。わが子のいいところ、優れたところはどこだろう？　そう思って見ていると、子どもたちの「長所」や「才能のタネ」は日々の暮らしのそこかしこにころがっているものです。

「こんなことを褒めて何になるの？」と思わず首をひねるようなことばかりかもしれません。しかし、こんなことだからこそ、どんどん褒めてほしいのです。

私は相談にこられるほとんどの親御さんに、勉強以外では「もっと親ばかになってもいい」「お子さんを褒めて調子に乗らせてください」とお伝えしています。

なぜなら、子どもたちが嬉々として取り組んでいること、懸命にトライしていることは、どんな瑣末《さまつ》なことであろうとすべては「才能」につながっているからです。

また、褒められて心が満たされた（＝自己肯定感が高い）子どもは、目の前にある「イヤなもの」がイヤではなくなります。他人との関係、日々の出来事、ひいては勉強においても「寛容」になれるので、必然、成績は上がっていくというプラスの連鎖が起こります。

親が子どものよい成績をさかんに褒める行為には、もっと点をとらせたいという欲がからんでいますね。ところが子育てに欲がからむと、すべてうまくいきません。

いっぽう木登りができたから褒めたところで、偏差値が上がるわけでもなく、何の得にもならないと思っている方がほとんどだと思います。しかし「何の得にもならない」からこそ、木登りを褒める行為には欲も下心もありません。あるのは純粋な「承認」と「肯定」だけ。

こんな意味のなさそうな「すごいね！」だからこそ、自己肯定感を引き上げる効果は高く、有益なのです。

こんなパラドックスに気づいた人から、お子さんの成績が上がっていく…というのも、子育ての不思議な真理のひとつです。

子どもの心を満たす3つの魔法のことば

感謝のマジックワード

④ありがとう
⑤うれしい
⑥助かった

これら3つの言葉は、親から子へ、感謝の気持ちや喜びという「感情」を伝える言葉です。決して「優秀だ、賢い、すごい、えらい」といった褒め言葉や評価ではありません。

しかし「親から感謝される」ことは、「親から高く評価される（褒められる）」ことに匹敵するほど、子どもの心を満たしてくれます。

子どもは「だれかの役に立っている」「貢献できている」と思えたときに、自分が必要な人間であることを実感します。

親から「ありがとう」「うれしい」「助かった」と言われることで、人に喜ばれることの幸せを学びます。

3つの感謝のマジックワードは、お手伝いや頼みごとをやってくれたとき、やさしい心遣いをしてくれたときなどに、必ず声に出して伝えてください。

「人前だったので言いそびれた」「あとでちゃんと言うつもりだった」ではいけません。感謝の気持ちは、その場で言ってこそ伝わるものです。

「ありがとうが言える子に」という教育訓がありますが、それを言うなら、まず「ありがとうが言える親に」が先なのです。

感謝の言葉は「機会があれば必ず言うよ」と心がけるだけではなく、ぜひ積極的に「ありがとう」と言えるシチュエーションを作るよう心がけてください。

たとえば「新聞をとってきてもらえる？」「お花に水をあげてくれる？」「イチゴをお皿に取り分けてほしいんだけど」「お父さんにバスタオル出してあげて」「宅配のお兄さんが来たから出てくれる？」……などなど。

たくさん小さな頼みごとをしてみてください。

上から目線の命令口調ではなく「力を借りたい」「ちょっと助けて」とお願いするのです。感謝の言葉を口にする機会が、ぐっと増えていくはずです。

使い方のコツ5

「ありがとう」は、心を込めて伝えるように

「ありがとう」の語源は、仏教でいう「有り難し」です。その意味は「有ることがむずかしい」、めったにないこと。

「ありがとう」という言葉には、めったにないことを得ることができたという、尊い感謝の念がベースにあるのです。

これもまた仏教の教えですが「人間はこのふたつのものさえ持っていれば幸福な人生が約束されている」というものがあるそうです。

では、このふたつのものとは何でしょう？　健康？　愛情？　財産？　才能？　それとも名声…ですか？　仏教にさほど興味がなくても、答えが気になるところです。

実は、人生の幸福を約束するふたつとは「感謝」と「歓喜」なのだそうです。

歓喜とは、楽しみ喜ぶこと。感謝は、ありがたいという気持ちですね。

「ありがとう」は、そんなふうに人間の幸福に不可欠なとても力のある言葉なのです。心して使いたいものです。

深夜のファストフード店などで耳にする接客マニュアルさながらの「ありがとう」や、その場しのぎに使うおざなりな「ありがとう」が心に響かないのは「心して」使ってないからでしょう。

とはいえ「ありがとう」という言葉には、それ自体にポジティブなパワーが備わっています。

そのパワーがまっすぐに、ピュアに相手に届くよう、「ありがとう」は、心を込めて言うようにしてください。

また子どもが成し遂げたことだけではなく、やろうとした意欲やトライする精神といった心意気にも、忘れず感謝の気持ちを伝えるようにしましょう。

・お茶を運んでくれようとして、こぼしてしまった
・洗濯物を取り込んでくれたけど、まだよく乾いてなかった
こんなときにも、結果ではなくやろうとしてくれた気持ちに、どうぞ感謝をしてください。

心を込めて「ありがとう」と。

使い方のコツ6

3つの言葉をいっしょに使って効果を高める

近ごろでは、街中（＝スーパーやレストランなど）でも、お母さんが小さなお子さんに「ありがとう」と声をかけている光景を目にすることも多く、ポジティブな声がけが浸透していることを感じます。「ありがとう」についていえば、意識して使っているご家庭は案外多く、いい意味で言うほうも聞くほうも、慣れてきている気がします。

そこで今まで「ありがとう」の単発だけで済ませていたところに、もうひと言つけ加えることを提案します。たとえば子どもに「お風呂の栓を抜いてきてもらえる？」とお願いをします。いつもは「ありがとう」だけでおしまいですが、「助かった。ありがとうね」と「助かった」のひと言をプラスしてみるのです。

文字通りに子どもは「自分は人を助けている、役に立っている」ことをより強く自覚します。だれかに貢献できたという喜びは、次も人を助けたい、役に立ちたいという動機づけにもなります。

もし子どもが自主的にお茶碗を運んでくれたら「ありがとう」だけではなく、「うれしい」をプラスしてみましょう。

「運んでくれたの？　ありがとう、うれしい」

こんな軽い感じで使うといいでしょう。

大人はよほどうれしくないと、「うれしい」と口には出しません。照れ臭さや恥ずかしさもあって、はじめは少し言いづらいかもしれませんね。でも「うれしい」というメッセージは、言う人も聞く人も、ただそのままでうれしくなれる言葉です。はじめのうちは違和感があっても、ポジティブな言葉は耳なじみがよいので、すぐに慣れるはずです。

「ありがとう」とひと言言うだけより「ありがとう、うれしい」「うれしい、助かった」と感謝の言葉を合わせて使うことで、効果は倍増します。子どもは人に喜んでもらえた実感を強く感じて、自己の喜びにフィードバックさせます。

使い方のコツ7

「うれしい」は、勇気ややさしさを褒める言葉にもなる

「うれしい」という言葉は、ときに「えらいね！」や「すごいね！」を超える賛辞にもなります。

たとえば電車の中で、子どもがお年寄りに席を譲ったとしましょう。

こんなときは「えらかったね」や「いいことしたね」と褒めるよりも、「お母さんは、すごくうれしかったよ」と、アイ・メッセージで伝えてみてください。

「えらかったね！」と評価されると照れ臭いことも「ママはうれしかったよ」とありのままの気持ちを伝えられると、お母さんは何がうれしかったのだろう？…とポジティブな想像も広がり、子どもは誇らしさを感じます。

小さな善意の行動がママをうれしい気分にさせた、予期せぬ勲章をもらったようなわくわくした気持ちになるのです。

これは、子どもの心により多くの「喜び」や「充実感」を与えることになります。

さらに、小さな声で「なかなかできないことだよ」とダメ押しするのも効果的です。

「なかなかできないことをやれた自分」は、「なかなかいない貴重な自分」であり、胸を張れる存在になります。ますます自分に価値を見出し、勇気とやさしさ、自信を身につけていきます。

こんなふうに心が満たされている子どもは、仮にスポーツが苦手でも、不得意な科目があってもすねたり、ひがんだりせず、強くて健やかな心を持つように育ちます。

子どもの自尊心を育てるふたつの魔法のことば

感心のマジックワード

⑦なるほど
⑧知らなかった

大人同士の会話にあるけれど、大人と子どもの会話にはないもの…って、何だと思いますか？

それは「相づち」です。

「うんうん、はいはい、ほうほう」と、相手の話に調子を合わせて、うなずいたり、受け答えしたりする、あの相づちです。

相づちは「私はあなたの話をきちんと聞いていますよ、受け取っていますよ」という合図のようなものですね。

「なるほど」と「知らなかった」というふたつの感心のマジックワードも、ざっくり言ってしまえば「相づち」の一種です。

心から「なるほど！」とは思っていなくても、大人たちは相づち的な用法として、これらの言葉を使っています。大人の社交に必要な言葉だといえるかもしれません。

しかし、親子の日常会話において、親が子どもの話に頻繁に相づちを打ち、真剣に聞き入って「なるほど」と声をかけることはほとんどないのではないでしょうか？

なぜなら、親子関係とは上下関係でもあり、親は子どものことを対等の話し相手だとは見なしていないからです。

また、子どもの話から何かを教わろうなんて思ってはいない。親にはそんな本音があるかもしれません。

台所にふいに現れた得体の知れない昆虫を見つけて「ママ、あの虫はヒメカツオブシムシっていってね…」と、その生態を説明されたところで「なるほど！　知らなかった！」と感心するお母さんはなかなかいらっしゃらないと思います。

「なるほどね」「知らなかった」という、**大人の世界では当たり前に使われる言葉を、子どもとの会話で使ってみると、子どもは自分がひとりの人間として対等に扱われていることと、一人前であることを意識し始めます。**

特に親の知らないことを知っているという優越感は、自己肯定感にダイレクトに結びつきます。どんどん使って、ぜひ、子どもたちをその気にさせてください。

そのために、子どもが親に何かを説明する機会を積極的に作っていただきたいのです。

「これは何かな？」「それってどうなってるの？」とゲームでも、マンガでも、おもちゃでも、何でもいいので質問をガンガン投げかける。**大人が知らない世界について、面白がって興味を示すことが「子どもの大人化計画」の第一歩になります。**

使い方のコツ8

「あとで聞くね」と約束したら、必ず守る

コーチングの世界に「傾聴」という、相手の話をただただ耳を傾けて聞くというコミュニケーションの方法があります。相手は話をするだけでどんどん心が満たされ、やがて気力ややる気が湧いてくるのです。

そんなふうに子どもの話をいつも「傾聴」できれば素晴らしいのですが、忙しいお母さんが子どもの「ねえ、聞いて」にすべて応えるのは、無理難題というものでしょう。

やることがあって子どもの相手ができないときは「ごめん、今忙しくて聞けないから、あとで聞くね」と、まず最初に謝ってしまいます。

そしてここからが肝心です。その約束は絶対に守ってください。あとで聞くと約束をし

たなら、必ずあとで聞いてくださいね。子どもはちゃんと覚えています。

その際に、子どもから「もういいよ」「さっき聞いてほしかったのに」「もう忘れちゃったよ！」などと、すねて拒否されたとしても、イライラついたり、がっかりしないこと。約束を覚えていたこと、約束を果たすことが大事なのです。

小さな口約束ですが、**子どもは約束を破られると「私の話に関心がないんだな」=「私に関心がないんだな」と自己肯定感とは真逆な、自己否定感を持つようになってしまいます。**

こんなちょっとした約束を忘れてしまうお母さん、心当たりがありませんか？

使い方のコツ9

ためしに友だち同士のように会話をしてみる

「なるほど」「知らなかった」という感心のマジックワードが効果を発揮するのは、大人が知らない世界についての会話シーンです。

たとえば、最新のゲームソフト情報、サッカー選手やお笑い芸人のプロフィール、昆虫や動物図鑑の豆知識、学校で習ったばかりの地域の史跡、アミューズメントパークのアトラクション、テレビで見たおいしい半熟卵の作り方、実写映画の原作になった人気マンガ作品…。

もちろん子どもたちの人生経験は大人とは比べようがありませんが、大人が知らないマニアックな情報や、忘れてしまった事実について、彼らはたくさん知っています。

「なるほど〜」「それは知らなかったな」「よく知ってるね！」「面白いよ」と心ある相づ

ちを打って、子どもの話にいっとき耳を傾けてみてください。

子どもが教えてくれる情報は多様で、新鮮で、正確。存外びっくりしますよ。


以前、「子どもを大人扱いして、友だち感覚で接するのはいかがなものか。きちんとした親子関係が成立しますか？」と心配されたお母さんがいらっしゃいました。なるほど、そんなご意見や心配もあるかもしれません。

でも心配をする前に、まずは「親子による友だち関係の会話」を1回ためしてみてください。


親がどれだけ「対等」を意識したところで、しょせん親子である以上、その関係性には上と下がついてまわります。それが覆ることはありません。親子が本当に対等になれるわけではないのです。良くも悪くも、肉体的にも精神的にも、社会的にも、親子には上下関係があります。

ですから、子どもが話をしている間だけでいいのです。ふたりの上下関係を故意に崩してみて、ぜひ同じ目線で会話をスタートしてみてください。

対等に扱われた子どもは親を信頼し、さらに深いレベルで親子のコミュニケーションがとれるようになります。

決して親を見下すようなことにはなりません。安心してください。

子どもの心を強くする魔法のことば

安心のマジックワード

⑨だいじょうぶ

「世の中の心配事の90％は起こらない」といわれているのを知っていますか？
アメリカのミシガン大学の研究によれば、その確率は96％。実業家で自己啓発書作家のアール・ナイチンゲールによれば92％。曹洞宗の僧侶で作家の枡野俊明さんは「心配事の90％は起こらない」と言っています（著書『心配事の9割は起こらない』より）。

実際、**私たちが抱えている心配事のほとんどは、実はただの思い込みや勘違い、妄想で**

あって、その9割は取り越し苦労にすぎません。

それは、しなくてもいい苦労や心配を背負い込んで、自分に不幸が起こるのを今か今かと待ちかまえて生きるようなものかもしれません。

とはいえ「心配事は90％起こらない」と言われたところで、「はいそうですか」と素直に安心できる人はごくわずかでしょうし、不安に揺れる心は簡単に鎮まるものでもありません。そこで、まわりの人から「だいじょうぶ」という言葉をかけてもらうことによって、心を安定させることも必要なのです。

「だいじょうぶ」とは、「それは悩み損だよ」「無駄な苦労だよ」「だから心配してもしょうがないよ」という気づきを与えてくれる言葉です。

子どもたちの始まったばかりの人生には、希望と同じくらいに不安もあるはずです。やることなすこと、見るもの聞くもの、すべてが初めてのことばかりですから当たり前です。そんな未知の出来事に関する恐怖や不安や焦燥といったネガティブな感情の炎を、そっと鎮火させるのが「だいじょうぶ」という言葉です。

10のマジックワードの中でも、ほかには代わりがきかない唯一絶対の魔法のことばでもあります。

使い方のコツ10

「だいじょうぶ」には「きっと」や「絶対」をつけてはいけない

「だいじょうぶ」という言葉は、さらりと軽く使ってください。

不安そうにしている子どもに「あなたなら絶対にだいじょうぶ！」と重々しく、暗示をかけるように気合を入れて断言する人がいますが、これは逆効果です。

「だいじょうぶ」という言葉にシリアスな感情が乗っかると、子どもは「自分を励まそうとしているんだな、本当はやばいのかもしれない」とかえって不安を感じてしまいます。

子どもたちには笑顔で軽く「そんなのだいじょうぶだよ」とさらりと言うようにしてください。

「いいね！」という承認の言葉と同じように、軽く明るい気配が言葉の本質を伝えます。

「この人は本気で大したことないと思っているな。だったら平気なのだろう」と受け止め、励ましの言葉がそのまま子どもに伝わります。

また「絶対」と同様に「きっと」という「推測の枕言葉」をつけるのもいけません。

入試やスポーツの試合前、ピアノの発表会などの直前に「きっとうまくいくよ」「きっとだいじょうぶだよ」と言われた子どもの頭には「100%じゃないんだな。失敗するかもしれない」とうまくいかない可能性がよぎります。「きっと」がついたとたん、うまくいかないマイナスの可能性がクローズアップされてしまうのです。

「絶対」をつけると相手に必死さが過剰に伝わり、「きっと」をつけると失敗の可能性を引きずることになります。

私は塾で子どもたちが難問を前に「こんなむずかしい問題できないよ」と言い出したら、必ず「だいじょうぶ、だいじょうぶ。これ簡単、簡単」と「だいじょうぶ」と「簡単」を何度も軽い口調で繰り返します。

すると私の軽い物言いが次第に「もしかして簡単なのかも?」という空気を醸して、子どもたちは問題に取り組むようになります。

こんなふうに子どもたちに「いい勘違い」「いい錯覚」を起こさせることが、魔法のことばの真髄といえるでしょう。

また「だいじょうぶ」という言葉は、たくさんのチャレンジをあと押しする言葉であるとともに、たくさんの失敗を通して「失敗は怖いものではない。大したことではない」ということを教える言葉でもあります。

失敗してもだいじょうぶだよ、という「だいじょうぶ体験」は、子どもたちに挑戦する精神と楽観的視点を植えつけます。

使い方のコツ11

「だいじょうぶ」は大舞台の前では使わない

入学試験や発表会などの本番前には「だいじょうぶ」という言葉は使わないようにしてください。

「だいじょうぶ、だいじょうぶ。何とかなる、平気平気」と明るく軽く声がけできるのであればそれに越したことはありませんが、子ども以上にナーバスになってしまう親も少なくありません。

ついつい自分の不安を打ち消すために「だいじょうぶ！　あなたなら絶対に受かる」とか「どれだけ練習してきたか考えてごらん。あれだけやってきたのだからだいじょうぶよ」と悲壮感を漂わせて手を握ったりして、かえってプレッシャーを与えてしまうのです。

親からそう断言された子どもたちは、

「絶対じゃなかったらどうなるの？」

「練習したのにできなかったらどうしたらいいの？」

「失敗したらお母さんをがっかりさせてしまう…」と自分を追い詰めてしまいます。

無理に子どもを安心させよう、励まそうとしないほうがいいのです。

ちなみに、大舞台を前にしてやるべきことはプレッシャーを感じることの逆、リラックスすることです。簡単に言ってしまえば、いっしょに遊んでしまえばいいのです。おいしいものを食べに行く、水族館や動物園に行く、いっしょにゲームをする、カラオケで歌う、商店街を散歩する…など、何でもありです。

つまり、子どもが感じている感情（不安）とは逆の方向へ心を向かわせ、気持ちが楽になることをやってみる。

このほうが、本番でも子どもは本来のポテンシャルを発揮しやすくなります。

「だいじょうぶ」を日常的に使っていると、子どもは「私と私の世界は守られている」と

安心します。

親も子どもも日々の不安材料を「だいじょうぶ」と手放して、楽観的な心持ちを蓄えると、いざというとき力を発揮することができるようになります。これを平常心といいます。

使い方のコツ12

自分にも「だいじょうぶ」と言い聞かせる習慣を

「だいじょうぶ」は、声がけをする親にとってもトレーニングになる言葉です。

大人だって不安をいっぱい抱えて生きています。むしろ長く生きているぶん、悩みや心配事は、子どもたちよりずっとシリアスだったりするでしょう。

10の魔法のことばは、子ども専用というわけではありません。大人にとっても効果のあるワードです。その中で大人にとってもっとも必要な言葉がこの「だいじょうぶ」です。

実は私も、しょっちゅうこの言葉を使っています。

家にいるときも、仕事中でも、遊びに出かけても、気がつけば「いいね」と「だいじょうぶ」ばかり言っているような気がします（笑）。

繰り返しになりますが、塾では少し難度の高い応用問題を前にすると「この文章問題はむずかしい、できない、無理です」とあわてはじめる子どもが必ずいます。

そんなときは「だいじょうぶだよ、簡単簡単。ほら、よく見てみて。センテンスごとに区切って読むと単純なことしか書いてないじゃない。だいじょうぶだよ、これ」と、ちょっとしたアドバイスとともに「だいじょうぶ」を連発します。

子どもたちは問題を見て「たいへんだ、複雑だ、むずかしい」と思い込んでいますが、冷静に見てみると、実はさほどむずかしくない問題であることも多いのです（確かにコテコテの難問もあるのですが、そんなときは「これは難問だから今はできなくていい」と言ってスルーします）。

テストに限らず、世の中で起こるほとんどのことは「実はそんなにむずかしくない」「本当は大したことのない」ことで占められています。

われわれが勝手にむずかしく、深刻にしてしまっているだけかもしれません。世の中の事象はどれも中立で、良くも悪くもなく、むずかしくも簡単でもありません。要はそれをどう捉えるか。決めているのは自分自身なのです。

「テストができないとたいへんだ」「人生には困難なことだらけだ」と親が決めつけると、子どもの不安をあおることになります。

まずは親が自分にだいじょうぶだと言って聞かせ、思い込みによる不安を手放すトレーニングを重ねることです。

いつも「だいじょうぶ」と言っていると、不思議とみんなだいじょうぶになるものです。子どもだましのように感じるかもしれませんが「だいじょうぶ」は、大人だってだますことができる特別な言葉です。

子どもの心に響く魔法のことば

指摘するマジックワード

⑩らしくないね

承認、感謝、感心、安心…など肯定的なマジックワードの中で、たったひとつ、ポジティブな響きを持たない言葉が「らしくないね」です。

暴力を振るったり、暴言を吐いたりするなど、子どものよくない行ないをいさめる言葉であるはずの「らしくないね」が、なぜ自己肯定感を上げることになるのでしょう？

「らしくないね」とは、本来のあなたを認めているからこそ出てくる言葉です。

よくない行ないをしている今のあなたはちょっと変だね。でも、私は本当のあなたをちゃんとわかっているからね、というメッセージです。「らしくないね」は、否定でも拒絶でもなく、受容の言葉なのです。

親に受容されていることがわかれば、子どもの自己肯定感は上がることはあっても下がることはありません。

生真面目に子育てに取り組んでいる親御さんほど「子どもには人として正しい道を教えなければならない」「間違いは正さなければいけない」と考えて、ついつい厳しく叱ってしまいがちです。

しかし、**親から繰り返し受ける強い叱責や容赦ない否定の言葉は、子どもの心に深い傷を残して「自分は悪い人間なのかもしれない」という不要な罪悪感を植えつける可能性があります。**

「ダメです」「いけません」「悪い子だ！」「今度やったら承知しないよ」「サイテー！」などと大きな声でヒステリックに叱られるより「らしくないね」と言われるほうが、ちくりと心にささって、素直な改心につながります。

使い方のコツ13

「らしくないね」は、ぴしゃりと1回だけにする

・兄弟げんかで暴れる
・かんしゃくを起こしてものにあたる
・暴言を吐く
・友だちや先生の悪口を言う、意地悪をする
・約束したことを守らない（約束した時間が過ぎてもゲームをやっている…など）

など、いつもとは違うネガティブな行動をいさめるときに「○○らしくないね」と使ってください。

「らしくないね」と言われると「こんなことをするあなたはいつものあなたではないよね？」というメッセージが伝わって、子どもはわれに返ります。声を荒げたりせず、冷静

にぴしゃりとたしなめてください。

・テストの成績が悪くて、落ち込んだり、ふてくされたりしている
・いつもはきちんとやっている宿題をやらない
・提出物を出さない
・塾や稽古事をサボる

こんなときも軽いトーンで「らしくないね」と、ひと声かけてください。

また「らしくないね」という言葉は「どうしたの？」とか「なぜ？」という言葉とはいっしょに使わないことも大事です。

「どうしたの？　○○らしくないね」「○○らしくないよ、なぜ？」とついつい疑問詞とつなげて使いたくなるかもしれませんが、子どもは「何で？」と詮索されると、心を閉じてしまうことも多いからです。

「らしくないじゃない！」とひと言、ぴしゃりと言い切っておしまいにしましょう。

短いフレーズは余韻を残します。子どもは「自分らしくないってどういうことだろう?」と考え、自分の内面を点検し始めます。

「どうしたの?」は、子どもが落ち着いて、ほとぼりが冷めたころに改めて聞いてみましょう。心に引っかかっていることやストレスに感じていることなどを話してくれるかもしれません。

子どもは天邪鬼《あまのじゃく》なところもありますから「(あなた)らしくない」と言われれば「何を言ってるんだ。自分はこういうやつなんだよ」とばかりに反抗的な態度をとることもあるかもしれません。でもだいじょうぶです、メッセージはちゃんと心に届いていますから。

ウチの子！スゴイ♡

スゴーイ！ママ尊敬しちゃう
ん？
どーしたの？
ママ友
あら
ウチの子スゴイんですよ
ホラ見せたげて！
カエルを素手でつかめるんですよ！
ゲコッ
バーン
スゴイよねー

第3章

悩めるママたちの相談室

この章では、ママカフェやブログ、講演会を通じて、すでに「魔法のことば」を実践していただいているお母さんたち、また、これからためしてみようと思っているお母さんたちからの質問にお答えしています。

親子の数だけ悩みはありますから、ウチには関係ない、ウチには当てはまらないことだってあるかもしれません。

しかし、そんな無関係に思えるさまざまな相談にも「魔法のことば」の使い方や効能について、具体例として参考になるケースがいくつも見つかるはずです。

どの悩みや疑問も「ウチにも関係がある」はずです。ぜひ、読んでみてください。

「魔法のことば」が、より実践しやすくなる「とっておきの相談室」です。

Q1

約束した家の手伝いを平気ですっぽかします

小学4年生、男子の母です。息子は私と約束した家の手伝い（犬の散歩と猫のトイレの掃除）を「今日は疲れているからできない」とか「めんどうくさい」と言って、すぐにサボリます。結局、根負けして私がやってしまいますが「約束を守れないなんて最低ね」「だらしないのよ！」とついつい声を荒げてしまいます。これも呪いの言葉なのでしょうか？　私は、しつけとして必要な「注意」ではないかと思っています。

（仮名・川上）

A

好きな領域のお手伝いからやってもらいましょう

このお子さんは「好きなことはやりたいけど嫌いなことは受けつけない」タイプの子どもだと思います。ですから、イヤなことや苦手なことを無理にやらせるのではなく「興味のあること」や「好きなこと」をまず聞き出して、それに関連するお手伝いからはじめてみてください。こんな話をすると、「子どもに迎合しているのではないか」と思われるかもしれませんが、そうではありません。子どもの心の動きを見ることが重要なのです。**好きなことをやると自信や余裕が生まれ、物事に寛容になれるため、子どもはやがて苦手なことやイヤだと思っていることも「やってみてもいいかな？」と変容していきます。**

好きなことをさせるのは、お手伝いだけに限らず、勉強でもお稽古事でも何でもいいでしょう。これがいちばんの早道となります。

また「約束を守れないなんて最低ね。だらしないのよ！……これも呪いの言葉でしょうか？」とのご質問ですが、もちろん、じゅうぶん呪いの言葉です。

親はしつけのつもりでも、ネガティブな感情を含んだ言葉は、呪いの言葉として子どもの耳に届きます。呪いの言葉を減らすことがむずかしいなら「いいね、ありがとう、うれしい、助かった、なるほど」など、魔法のことばを多用するよう心がけてください。

もうひとつ、おすすめするのは私が提案する「子ども手帳」の活用です。仕組みはとてもシンプルです。私が開発した『はじめての子ども手帳』（ディスカヴァー・トゥエンティワン）または市販の手帳を1冊用意してください。

①その日に（あるいは1週間ぶん）やるべきことを、子どもが自分で手帳に書き記す
②そのタスクを1個やり遂げるごとに、子どもが赤ペンで消していく
③タスクの種類と数によって、あらかじめ決めておいたポイントを付与する
④1週間（あるいは毎日でも）ごとにポイントを精算、ご褒美と交換する

こんな4つのプロセスだけです。ご褒美はあらかじめ決めておくとよいでしょう。好きなおやつ、おもちゃ、あるいは「1ポイント1円」のような現金換金ももちろん有効です。

単純な仕組みに思えますが、子どもたちは「大人みたいに自分の手帳を持てる喜び」や「赤ペンで消すことの気持ちよさ」、そして「ポイント換算するときの達成感」を感じてモチベーションは上がりますし、「自分で決めたことをやり遂げる」楽しさや充足感を味わえるので、驚くほど効果的です。

「子ども手帳をはじめてみたら、自分で決めて自分でやるという自主性の習慣がついた」

こんな声が私のもとへ、たくさんのお母さんから届いています。

子ども手帳は、子どもたちの自己肯定感を引き上げるツールのひとつとして最適です。

ぜひ、ためしてみてください（詳しくは拙書『勉強しない子には「1冊の手帳」を与えよう！』（ディスカヴァー・トゥエンティワン）をご一読ください）。

Q2

言っても言わなくても勉強しないんです

あるママ友のお子さんは、親が何も言わなくても自分から勉強するそうです。ウチの子（中1・男子）は、私がいくらうるさく言っても、ちっとも勉強をやりません。そのママ友のように「私が言わなければ勉強するかもしれない…」としばらく黙って見ていましたが、一向にやる気配がないどころか、ますます好きな本やマンガばかり読んでいます。この不条理ともいえる人間性の違いは、いったい何なのでしょうか？

（仮名・白鳥）

A

お子さんのタイプを見極めて、対応してみてください

はじめに「子どもにはふたつのタイプがある」という大前提についてお話ししましょう。

ひとつを「マルチタスク型」、もうひとつを「シングルタスク型」と分類します。

まず「マルチタスク型」の子どもの特徴は、
・何事も要領がよく、合理的に物事をこなす
・「やり方」や「方法論」に興味を示し、ハマっていく
・集中力は高くないが、周囲を意識する特徴を持つため、人の気持ちや空気が読める
・判断するための価値基準は「損か得か」

もうひとつ「シングルタスク型」の子どもの特徴は、
・何事もマイペースでこなす
・好きなことは徹底してやるが、嫌いなことは一切やらない
・集中力が高いため、まわりが見えず、周囲の空気が読めないことが多い
・整理整頓などができないことが多い（ただし整理整頓が好きな領域であればあてはまらない）

ふたつのタイプの特徴は、大人になってからも継続します。社会ではよく、ジェネラリ

ストとスペシャリストとか言いますが、それに似ています。親と子の関係となると、以下の4つの組合せができますね。

《マルチタスク型の親×シングルタスク型の子ども》

「親がマルチ型」で「子どもがシングル型」では、お互いの価値観があまりに違いすぎて、子どもは怒られても「ママは何を怒っているんだ？　今日はお化粧が濃いなぁ…」と思っていたりするように、親子でまったく違うことを考えていることが多々あります。母親は、そんな子どもの言動に「何を考えてるのかわからない」と頭を抱えてしまう。こんな問題多発の組合せです。

この組合せの親子は、親がどれだけ勉強しなさいと言おうが言うまいが、子どもは自分がやりたいことしかやりません。親が「今、勉強をやっておけばあとで『得する』んだから、やりなさい！」（損得基準）と言っても、子どもは「いや、嫌いだからやらない」（好き嫌い基準）となります。つまり、親と子で価値基準が違うため、ずっと平行線をたどることになるのです。白鳥さん親子は、おそらくこの組合せではないでしょうか？

シングルタスク型の子どもには、好きなことから入っていかなくてはなりません。それでいったん心を満たした上で、そのほかの領域をやるように広げていくのです。好き嫌い基準のシングル型の子どもは「好きが入り口」となるのです。スポーツでも音楽でも工作でも何でもけっこう。本人が熱中できることを見つけたら、どんどん積極的にやらせてください。やがてそれがひとつの自信となり、自信が突破口となって、そのほかの領域＝勉強方面に波及し、だんだんと成果を出していきます。

このほかの組合せについても簡単に書いておきます。もっと詳しいお話をするには1冊の本になるぐらいのボリュームが必要なため、ここでは簡単に書いておきましょう。

《シングルタスク型の親×マルチタスク型の子ども》

「親がシングル型」で「子どもがマルチ型」の場合は、いわゆる「わが道を行く系ママとしっかり者の子ども」という親子関係が多くなります。この組合せでは、子どもは親をあてにすることなく勝手に勉強をしていく傾向にあります。親もあれこれあまりうるさく言いません。「ウチの子は勉強しなさいとか言ったことないのに勉強やっているのよね〜」

というママさんの家庭はこの組合せです。
ご質問にあった「何も言わなくても勉強するママ友の子ども」は、この組合せだと考えられます。

《マルチタスク型の親×マルチタスク型の子ども》

「親も子どももマルチ型」の場合、親が勉強のやり方や物事の仕組みをきちんと教えることができれば、子どもは本質を見抜く力をみがき、身のまわりにたくさんの疑問を見つけて、どう対処すればいいか考えて行動していけるようになります。挨拶や整理整頓も、教えればきちんとするようになっていきます。特に、挨拶や整理整頓が自分にとってどれだけ「得」であるかを理解すれば、できるようになる傾向にあります。しかし、親が効率を求めすぎて子どもを管理しはじめると、たちまち反発します。

《シングルタスク型の親×シングルタスク型の子ども》

「親も子どももシングル型」。この場合は、親子の好きなゾーンが一致していれば、子どもは専門的分野に特化して大きく成長していきます。しかし、親子で好きなゾーンが違っているど、始終ぶつかったり、いさかいが起こる可能性が高くなります。親が「それぞれ価値観が違って当たり前」と割り切って捉え、子どもと接することで、子どもはぐんぐん伸びていきます。

以上、どの組合せがよく、どの組合せが悪いということはありません。大事なのは、子どものタイプがどちらなのか？　自分はどちらなのか？　きちんと見極めて対応することです。もちろん、子どもを無理やり自分と同じタイプにしようとすることは、もってのほかです。「自分と子どもは違う生きもの」という事実に気づいて、少しだけ子どもと距離をとって、楽観的な気持ちで成長のプロセスを見守ってください。

この見守りが子どもを尊重することであり、良好な親子関係の核心となります。

Q3

自分から中学受験を希望したはずが、勉強をサボるようになって…

小学校5年生の息子が、自分から受験したいと言い出したので、子どもの意思を尊重しようと、スタートは出遅れましたが5年生から塾に通わせることにしました。とはいえ熱心に通っていたのははじめの3か月くらい。今ではときどき勝手にサボっているようで、塾から「来ていませんが、何かありましたか?」と電話がかかってくるようになりました。成績のほうも一向に上がるようすがありません。おそらく、仲のいい友だちが塾に通い出したので、自分も仲間はずれになりたくないから「受験する」と言い出したのではないかと勘ぐっています。「塾代がもったいないから、もうやめてしまいなさい」と言うと「明日からはちゃんと行く、ちゃんと勉強する」と口約束だけはしてみせます。どう対応すればよいのでしょうか?　(仮名・小坂部)

A 受験の動機について「親子問答」をしてください

まず一度、お子さんと真剣に話をしてください。塾へ通う目的は何なのか？　これを本人に自分の口で語らせてください。このとき、親があれこれ口をはさむことは控えましょう。大事なのは、子どもに語らせることです。お母さんはただ聞くことです。ほとんどの子どもは「勉強するために」と言ってくるでしょう。

親「じゃあ勉強してどうするの？」

子「中学を受験する」

親「何のために受験勉強するのかな？」

子「合格するため」

こんなふうに「なぜ？」という問いを繰り返していきます。

親「じゃあ、塾をサボっている今の状況はどういうことかな？」

と現実の事態を認知させたら、

親「今後はどうするの？」

必ず子どもに判断をゆだねてください。もし子どもが、

子「塾を続ける」

と答えたなら、

親「じゃ今後、塾をサボったり、勉強しないということになったら、どうする?」

と、ここでもまた子どもに判断をさせてください。親は、Q(問いかけ)に徹すること。子どもの答えを待てずに先に答えを言ったり、「そういう考えはおかしいよ」などと意見してはいけません。子どもが話すことをじっくり聞いてください。

親子間でこんな問答があったのち、それでも子どもが勉強をやらない、塾をサボるのであれば、宣言どおり、即刻、塾をやめさせてください。親は自分が言ったことをきちんと実行する。これが家庭における教育の基本です。

中学受験の動機は、何でもよいと思いますよ。かくいう私も、学校名のイニシャルが入ったバッグがかっこよく見えて「あのバッグを持ちたい!」と少々よこしまな(?)動機がスタートでした。それでも勉強するモチベーションは上がりましたから。

自分から中学受験を希望する子どもに動機を聞いてみると、たいてい「受験のために塾に通ってる自分がかっこいいから」というような自己満足のケースが多いものです。

そんな子どもたちのゴールは「受験のために塾に通う自分」ですから、塾に通いはじめた段階で、もう目的は達成されています。モチベーションが保てないのは当然ですね。塾に行っても成績が上がらないのは、こんなケースでしょう。

受験の動機や塾へ通う目的をきちんと子どもに語らせ、どこにゴールを置くのか？　自分で自分に認識させる。こんな親子の確認行為が重要となります。

Q4

漢字ドリルを、要領よく適当に書きとばします

10歳になる娘がおります。先日、娘が漢字ドリルの宿題をやっているところを見て唖然としました。一字ずつ書くのではなく、点なら点、さんずいならさんずい、ウ冠ならウ冠…と部首や横棒、縦棒を一気に並べて書き進み、オートマチックに漢字ドリルをただただ埋めていくのです。順を追って一字一字ていねいに書こうとしないので、書き順もきちんと身につきません。ドリルに限らず何事もいい加減というか、姑息なところがあり、どの教科もプロセスをとばす傾向があるようにみえます。どう注意すればいいか教えてください。

（仮名・篠田）

A

漢字は「音読」して覚えるのがベストです

私がこんな現場を目撃したら絶賛すると思いますよ、いや、冗談ではありません。こんな方法を編み出したことを「すごい」と褒めてあげたい。篠田さんのお子さんは、姑息なんかではありません。とても合理的なのです。

そもそも私は日ごろから、英語の新出単語や漢字などを「書いて覚えるのは時間のムダだ」と学習指導しています。初めて見る漢字をただやみくもに書いて覚えようとしても、頭の中にはなかなか定着しません。はじめにやるべきことは「読み」なのです。

①まず教科書があれば音読を5回ほど繰り返す。これで字の形が目から入り、音読が終わるころにはその形が頭の中に記憶されています。
②次にその教科書の中の新出漢字だけを書き出して、新出漢字が読めるかどうかのテストを3回繰り返します。
③それが終わったら、今度は逆のことを行ないます。ひらがなを見て、漢字が書けるかどうかを3回テストして、書けなかった漢字だけを3〜5回書き直します。
④テスト前にもう一度、漢字を書くテストをして、間違えたものを3回書いて覚えます。

これが、いちばん効率よく、ムダなく、確実に漢字が頭に入る方法です（英単語も同様です）。成績上位の子どもたちの多くは、この方法で効率よく漢字や英単語を覚えていきます。

大事なことは、はじめから書いて覚えようとするのではなく、アウトプットを繰り返すことなのです。

篠田さんのお子さんのやり方は、合理的なやり方としては特に間違ってはいません。ただし、合理的ではあるものの、それでは本来の目的である、漢字テストで出されたときに書けることにはなりませんね。ですから、前述したようなやり方を教えてあげてください。これで解決するはずです。

Q5

ゲームに夢中の子どもが悩みのタネです

小学5年生の息子は勉強嫌いで、成績も中の下といったところです。日ごろからゲームにはまって、家ではiPadを離しません。休みの日には朝から何時間もゲームをやり続けて、無理に取り上げると大騒ぎをします。マンガやYouTubeにも夢中で、勉強はおろそかになるばかり。将来が不安ですし、息子の姿を見るにつけイライラが止まりません。ゲームをやめさせて、勉強をさせたい。どうしたらいいでしょう？　焦っています。

(仮名・久保田)

A

ルールとペナルティを子どもに作らせてください

ここ数年、もっとも多く寄せられる相談のひとつが、ゲームについての悩みです。

なぜお子さんがゲームばかりしているとイライラしてしまうのでしょう。勉強がおろそかになるからですか？　名門と呼ばれるトップクラスの学校に通う生徒たちのほとんどがゲームをやっています。ゲームと学力には相関関係は成立しないはずです。そもそもゲームをやめれば勉強をするとは限りませんし、ましてや成績が上がるとも限りません。「ゲームが諸悪の根源」であるという考えは、まず捨ててしまいましょう。

解決策は、ふたつ考えられます。

ひとつめは、オーソドックスな方法です。まず、今の状況がなぜ問題なのか、親子できちんと話をします。ゲーム漬けになった子どもの諸問題についてさまざま話をしてみてください。次に、ルールとペナルティをはじめに子どもに語らせて、そのあとで親子で調整をします。親が一方的に作ったルールより、自分で自主的に決めた規則のほうが守られる可能性がはるかに高いからです。

たとえば「1日1時間まで。守れなかったら1週間使用禁止」と決めたルールとペナルティを紙に書かせて、家族の目につくところに貼っておきましょう。

実際にペナルティが実行される事態になると、子どもは泣いたり、すねたりするかもしれません。しかし、ここは厳しく、必ず約束を実行することが重要です。これで、お子さんのゲーム漬けの毎日は改善されていきます。

ふたつめの方法は「徹底してゲームをやらせる」荒療治、奇策とも思える長所伸展法です。「非現実的だ」と批判されそうですが、もしかすると子どもの長所や才能が、ここ（ゲーム）にあるとは言えないでしょうか？

子どもは興味があることには、大人が驚くほどの情熱とエネルギーで取り組みます。もし本当にそれがやりたいことならば、ゲームはお子さんに「喜び」や「満足」という幸せを与えているはずです。ゲームに熱中することで得られる知識や開花される才能もあります。将来の夢や仕事につながる可能性もゼロではないでしょう。

実際、ＩＴ系の起業家には幼少期にゲームにはまり、寝食を忘れて没頭したというツワモノもたくさんいます。彼らは家庭でゲームについて制限を受けることはなかったというのですから、お見事と言うほかありません。

とはいえ、親としては「ゲーム好きの子が必ずしもＩＴ起業家になるわけではないし、ゲーム漬けの生活になるのはいかがなものか？」と不安になるのもわかります。

どちらの解決策を選択するかはご家庭の判断ですが、もっともよくないのは中途半端な対応をとることだということを知っておくとよいでしょう。

Q6

急に褒めはじめる母親の態度に、子どもは戸惑いませんか？

中2と小6の男の子の母親です。男の子ふたりということもあって、どちらかと言えば、厳しく叱って育ててきました。そんな母親が、ある日とつぜん態度を変えて、魔法のことばで褒めたり讃えたり…。そんな母親の急変ぶりに、子どもは戸惑ったり、変だと思ったりはしませんか？　声がけも短期間ならできそうですが、長期間となると自信がありません。（仮名・柳沢）

A

グラデーションのように変わることを心がけてください

お母さんの態度が急激に変わると、どんなお子さんでも変だと思うでしょうし、戸惑うのもわかります。

第2章でもお伝えしましたが、子どもは親の「わざとらしい態度」に敏感に反応します。

ですからグラデーションをつけて変わっていくのが理想です。子どもに気づかれないようにできたらベストです。

「ママ、変だよ！」「お母さんどうしちゃったの？」「何か企んでるな」と思われたらアウトですから。

数で表現するとわかりやすいかもしれません。はじめは1日1回、次の週は1日3回、次の週には1日5回…。できるところから言葉や意識、行動を変えてみてください。小さい変化からはじめるのです。いい意味での「ゆでガエル理論」といっしょです。「ぬるま湯からだんだん温度を上げていくと、あまり熱さを感じずに気がついたらゆで上がっていた」という、あの手口をよい意味で使います。

これは私が学習指導の際によく使うやり方です。じわりじわりとこちらのペースに引き込んで、知らぬ間に難易度の高い問題を解かせ、いつの間にか生徒のレベルを上げていくという方法です。

柳沢さんがこれまでの教育方針を転換し、魔法のことばを使ってお子さんの自己肯定感を高めたいと本気で念願するなら、この「グラデーション作戦」は効果があります。根気よく続けることで、ふたりのお子さんだけでなく、柳沢さん自身にもよい変化が表れますよ。

Q7

何をやっても長続きしません

中学3年の娘は、スイミング、ピアノ、サッカー、ダンス…何でもやりたがるのですが、あきっぽいのかどれも長続きしません。勉強があまり得意ではないので、習い事で才能のかけらでも見つけられればと思い、今もあれこれやらせていますが、何ひとつ続かず、ものになりません。親としてどうするのがベストですか？

（仮名・山口）

A

「長続きしないわが子は健全だ」と思ってください

長続きしなくてもOKです。どんなに短い時間だったとしても、体験したことは何もかもがお子さんにとって意味も意義もある経験になっています。

「子どもがあきっぽい…」というご相談は山口さん以外にも数多く寄せられていますが、そもそも、なぜ長続きさせる必要があるのでしょうか？　長続きさせることでどんな利を手に入れようとしていますか？

お子さんは「今、自分らしい才能がどこにあるのかを探している最中」と考えたらどうなるでしょう。さまざまな経験は、将来の何かしらの道につながる可能性があります。つまみ食いでもいいのです。本人でさえ気づかない何かが、お子さんの人生の糧になっているため、続くか続かないかということに、特に焦点を合わせる必要はありません。

お母さんが長続きしないことを「悪いことだ」と決めつけるのはどうでしょう？　長続きしないのは楽しくないからですね。楽しくないことをやり続けるのは、大きなストレスです。

お子さんは、やりたくないこと、楽しくないこと、ストレスを感じることは続けられないという健全な反応を見せています。

「継続は力なり」は間違ってはいませんが、継続したくないものは続けないほうがいい。「継続したくないものは力にならない」のです（もちろん嫌いだけど続けたら好きになったというケースもありますが、極めて稀です）。

「ひとつのことを極めなさい」は親の勝手な期待です。極めたいものが見つかれば、親に言われなくても子どもは自分で進んで極めます。

ですから親としてのベストな対応は「また続かないわね！」とは言わずに、何も言わない、しないこと。

いずれぴったりの何かが見つかるだろう、そんな気構えでプロセスを見守っていれば、子どもは自主的に動き出します。

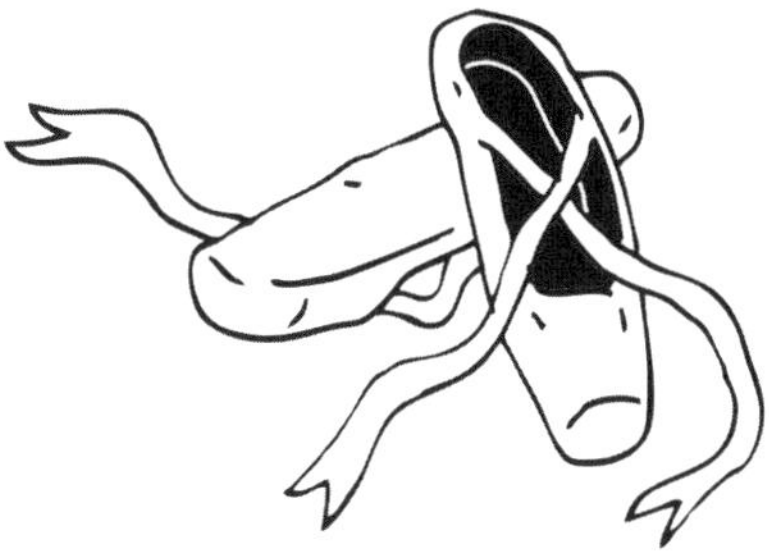

Q8

子どもと会話がなく、魔法のことばを使う機会がありません

高1になる息子と夫の3人暮らし、といっても夫は単身赴任中で、実状は母子のふたり暮らしです。自分もフルタイムで働いているため、子どもといっしょの時間が少なく、また男の子ということもあって、日ごろからほとんど会話がありません。マジックワードを使いたくても使えるシーンがないのが悩ましいです。

(仮名・吉田)

中2の息子は反抗期まっただなかで、私が何を言っても、ほぼ無視です。それでも負けじと魔法のことばを連発していますが「うるせー」「うぜー」「ばかじゃね?」などと猛反発してきます。よけいに怒らせている気がしますが、だいじょうぶでしょうか?

(仮名・古川)

A　魔法のことばを使っての対話や会話は必要ありません

魔法のことばを含むポジティブワードって、何かトピックがあったとき、これを使って子どもと対話するものだと考えていませんか？

たとえば、子どもが部活の試合から帰ってきたときに「試合はどうだったの？」「勝ったよ」「あら、よかったね」

もうこれだけで十分です。あとは何かをやってくれたら「ありがとう」のひと言で十分。だからこそ「よかったね（いいね）」や「ありがとう」が、マジックワード（魔法のことば）なのです。マジック会話ではなくて、マジックワード。親からの一方的な声がけになったってOKです。子どもが反応しなくたっていいし、こちらも意識してレスポンスしなくてもよいのです。

魔法のことばは対話をしなくてもよいのです。短い言葉をポンと投げるだけだから、相手に届いてじわりと効いていくのです。

吉田さんのところは「会話がほとんどない」とのことですが、単語だけの音声のやりとりはどうですか？

「おはよう」「ごはんのおかわりは？」「洗濯物があるなら出しておいてね」ぐらいのやりとりはありませんか？　少しでもあるなら、そのシーンにマジックワードをちらちらちりばめてみてください。ゆっくりかもしれませんが、必ず効き目があります。

ポジティブな言葉の効果で家庭内の空気が変わり、次にお子さんの気配に変化が見られます。お子さんから話しかけてきたり、笑顔の時間が増えたり…。面白い変化が起こるのを、どうぞ楽しんでください。


古川さんのケースもだいじょうぶです。お子さんが反応していることは、気になっているると見なしていいでしょう。こちらの声はちゃんと届いています。反抗的な言動は、一種の好転反応だと思ってスルーしてください。家では一向に変わる気配がなくても、子どもは外から変わっていきます。

まず友人や他人といった外の人間に対して寛容になり、人間関係が円滑になります。やがて家庭でも同じ傾向が見え、言動に変化が表れます。

吉田さんも古川さんも、思春期や反抗期の男子は「親とはまともに話をしない」と割り切って考えることです。無理に会話をするのではなく、短い言葉でいいから子どもに投げておくことを忘れないように。

「学校はどう?」「勉強は進んでる?」「テストはいつから?」は、どうだと思いますか?はい、これはやってはいけない干渉ですね。返ってくる言葉は「べつに」ぐらいでしょう。

「今日は午後から雨だってよ」「また○○のブログが炎上してるらしいね」「今日は○○線が事故で止まってたの? だいじょうぶだった?」

こんな雑談めいたトピックがグッド。はじめは反応しないかもしれませんが、それでOKです。

Q9

魔法のことばが効くのは、何歳くらいまでですか？

魔法のことばがけは、どれくらいの期間で効果が出てきますか？　娘と息子はどちらも高校生ですが、これは高校生にも効果がありますか？

（仮名・仲川）

A

何歳でも効きます。早ければ1週間で効果が出はじめ、平均的には3週間続けると効果がわかります

私がママさんたちに聞き取り調査をしてきたデータをもとにすると、平均して3週間で効果があります。「おためし期間」も含めて、まずは1週間続けてみてください。声がけを1週間続けると、まずママさんの感情が変わってきます。

子どもに大きな変化がなくても、魔法のことばを口にすると「何だか気分がいいな」と自分の心の変化に気づきます。「らしくないね」を除いた9つの魔法のことばは、すべてポジティブなワードですから、使っているうちに子どものよいところを見つけるようになります。まず自分のマインドが変化するのです。

ママに変化が表れるのに1週間くらい。3週間も経つころには、お子さんも変わってきます（個人差があるため、一概に3週間と断定はできませんが）。長い間、自己肯定感を壊されていた子どもの場合、3週間でスパッと変わるのはむずかしいかもしれません。子どもが抱えている過去に、どのくらいの「負債」があるかにもよるからですが、それでも徐々に変化していきます。

そしてもちろん、高校生にも効きますよ。大人にも、親にも、夫にも、友人にだって絶大な効果があります。自分にも！　です。

子どもだけに使うなんてもったいない。どんどん魔法の声がけを実践してください。

Q10

「勉強しなさい」を封印しても、成績は下がるいっぽうです

小6の娘の母です。「勉強しなさい」と言うたびに偏差値がひとつ下がる…という先生のお話は大変興味深いものでしたが、そのとおりしばらく何も言わずにいたら、成績は上がるどころかどんどん下がってしまいました。イライラするというより不安です。本当にこのまま放っておいてよいのでしょうか？　子どもを信頼することはとてもむずかしいです。（仮名・芳岡）

A

期待を手放して、いったんあきらめてみてください

「勉強しなさい」と言うのをやめれば、子どもが自主的に勉強をやりだし、成績は上がっていくはず。芳岡さんは、こんな期待をしていませんか？　これは原則的には正解ですが、期待という欲がからむと効力を失います。おそらく、芳岡さんは「勉強しなさい」とは言

わなくても、それと感じるような態度をとってみたり、別の形でイライラをお子さんにぶつけてはいませんか？　多くのママさんが、かなりの確率でこんなふうにやってしまいます。それもこれも子どもに「期待」をしているからです。

その期待も手放してみてください。期待をすると、必ず絶望がやってきます（169ページ参照）。子どもに寄せるべきものは期待ではありません、信頼です。

耳触りのいいきれいごとに聞こえるかもしれませんが、これは子育てのたったひとつの真理です。信頼とは任せることです。ここは「勉強をしないこと」を選んだお子さんに、いったん下駄を預けましょう。

信頼とは楽観を持って見守ることです。イライラや不安があると、それは楽観ではありませんし、見守ることとも違います。親の不安は子どもに必ず伝わり、子どももいっしょに不安になります。

ここで親がやるべきことはお子さんへの干渉ではありません。ご自分（ママ自身）の機嫌をとることなのです。ご自身が毎日機嫌よくいられるよう、そちらに労力と時間を注いでください。不安やイライラを抱えたまま子どもを信頼することはできませんから。

成績のこともいったんよそへ置いて、あきらめてください。

こう申し上げると「あきらめるのは無理だから、期待値を下げればいいのですね？」と代案を出されるママさんもおられます。しかし、期待値を下げるのは、実にむずかしい。期待とは「するかやめるか」「ゼロか１００か」しかありません。

１００点をとってほしいけど70点でもいい。だから「70点そこそこの期待をさせてね」というのは期待値を下げることではありません。期待値は数字ではないのです。実体は、あなたの感情であり願望です。自分の感情の分量を、そんなに器用に調整ができますか？

だから、いったんあきらめる。期待することをやめるのです。１００点だろうと70点だろうと30点だろうと、そもそも期待をしない。子どもを信頼して任せてみるのです。これができれば、必ず子どもの心は上を向きます。

そして、お子さんが本当にしたいことは何か？　興味があることは何？　ぜひいっしょに探ってください。

親が自分の好きなことを理解して、サポートしてくれるとわかったら、子どもの意識はがらりと変わってきます。興味あることに真剣に取り組むには、勉強が不可欠であることにも気づきます。

「テストの成績が下がっても死ぬわけじゃない」「勉強しないことで不幸になるわけではない」「やりたくなったらやるだろう」

こんなふうに気楽にかまえて見守ることも状況を改善するのに肝要な姿勢です。親が子どもを本当に信頼していれば、子どもは勉強をします。自分に必要な「よい選択」ができるよう変わります。

「親が変われば子どもは変わる」この事実をもう一度しっかり唱えてください。

さて、子どもが信頼できないママさんに実践的なアドバイスをひとつしておきましょう。紙とペンを用意してください。そこへ、子どもの信頼できないところを思いつくままに書き出していってください。約束を守らない、小さなウソをつく、学校への提出物を出さないまま持っている…などなど、気になることをすべて書き出していきます。

たとえばその中に「塾をサボる」ということがあれば「なぜ塾をサボるのだろう?」と自分に問いかけてください。「なぜ?」という疑問符が肝心です。「勉強が嫌いだから」と答えが出ました。では今度は「なぜ勉強が嫌いなのだろう?」と「なぜ?」をもう1回繰り返します。こんな「なぜ？」を3回繰り返していくと「勉強が面白くないからだ」という「塾をサボること」の本質が見えてきます。

ここで「ではどうしたらいいか？」と自問してください。「HOW（＝どうすれば）？」という言葉はプラスの発想を導きますから「なぜ？」が引き出したネガティブな回答が、一気にポジティブなアイデアに切り替わります。

「得意科目をやらせて調子に乗らせてみよう」

「何を勉強すれば楽しいのか聞いてみよう」

「勉強以外で楽しいことをする時間を増やしてみよう」

たとえここに正解がなくてもいいのです。書き出す行為を通して、あなたの悩みやネガティブな感情は視覚化され、整理しやすくなって、前向きに対処する心持ちを生みます。

文字を書くうちに「つまらないことをやるのは苦痛だろうな」「自分も子どものころは算数が嫌いだったな」こんなことを思い出し、子どもの心に寄りそえる。これだけで書き出した行為に意味ができます。

オーソドックスな手法ですが、行き詰まったとき、気持ちの整理に特段の効果があります。

Q11

子どものいいところ(長所)が見つかりません

子どもの長所を見つけて、魔法のことばをかけたいのはやまやまですが、小4の息子は学校からのお知らせなどの書類は見せない、カバンの中も机の中もぐちゃぐちゃ、スマホやゲームばかりしているので、当然成績も悪く、スポーツも不得意です。性格も明るいとは言えず、ときおりかんしゃくを起こすのが気になっています。はっきり言って、わが息子には褒めるべきところが見当たりません。どうやって「いいね」「すごいね」と言えばいいのかわかりません。

(仮名・武田)

A

長所のない子どもはひとりもいません

人は見たいものしか見えないし、聞きたいものしか聞こえないという大原則があります。

心理学的には「カクテルパーティ効果」と呼ばれ、自分に必要な事柄だけを選択して聞き取ったり、見たりする脳の働きのことを言います。

きつい言葉になるかもしれませんが、武田さんはお子さんの長所を見たいとは思っていない、見ようとしていないのではありませんか？　人は短所ばかりを見つけようとすると短所しか見えなくなります。

私はこれまでに3500人以上の子どもたちを教えてきましたが、長所がない子どもはひとりもいませんでした。

勉強ができる、スポーツが得意、挨拶ができる、明るい性格…など、世間基準のわかりやすいところしか長所ではないと思い込んでいるママさんが実に多いですが、長所ってそんなものでしょうか？　お花に水をやっていた、笑い声が大きい、昆虫にくわしい、かけっこが速い、動物が好き…などなど、子どもをよく見ていれば、長所はいくらだって見つかるものです。一見すると短所に見える部分が、実は長所だったりもします。たとえば、集中力がない（＝短所）子どもは、裏を返せば、周囲の変化に気づきやすい（＝長所）子どもでもあるのです。いいところを探す努力をしてください。

武田さんは、お子さんの自己肯定感を高めたいと願っているのですよね？　**子どもの自己肯定感を高めるには、はじめに子どもの長所を見出す努力が必要です。**

武田さんのお子さんは、マイペースで、大らか、好きなことに情熱的に取り組む、自分の世界観を持っている…そんないいところがあるように私は想像します。いかがでしょうか？

ときにかんしゃくを起こすとのことですが、これは体内にエネルギーが余っているだけ。エネルギーの方向が定まらずに暴発しているだけのことです。

このエネルギーも時間がたてば収束に向かいます。今じぶんだけのことなので、あまりシリアスにならず楽しんで観察してください。「あ、サル山のおサルさんみたいだな。面白いな」と。

ママに長所を見つける目線があれば、子どもは生きるのがとても楽になります。子どものいいところを見つけ、意識すればするほど、お子さんにはよい変化が起こります。

Q12

夢も目標も持たないわが子の将来が心配です

娘(中2)に将来の夢について聞いてみたところ、特に夢もやる気も目標も希望もないようなことを言われて、ぎょっとしました。行きたい高校や大学もありません。部活動にも興味がなく、ゲームや読書以外に特にやりたいこともないとのこと。成績も中の中です。「べつに普通でよくない？」と本人は飄々としていますが、将来が心配になります。

(仮名・真鍋)

A

夢も目標もないのが普通です。何の問題もありません

「夢がある」と答える子どものおよそ8割は、聞かれたからそう答えているだけで、ほとんどの中学生は将来の夢など具体的には持っていないのが現実です。

親は自分のことを棚に上げて「人は夢を持って生きるべき」などと考えがちですが、自

分が中学生のころに、はたして夢を持って生きていたでしょうか？　しっかりと生涯の目標を見定めて、毎日努力を続けていましたか？　そんな人もいるかもしれませんが、大半の方は違ったのではないでしょうか。

もちろん、夢や目標は持っていたほうがいい。学生生活を情熱的に過ごすパワーやモチベーションになります。

とはいえ、「今はない」のが現状です。ない袖は振れませんね。

真鍋さんのお子さんが「夢がない」のは、まだ世の中のことをよく知らないからです。子どもは行動範囲が限られますし、毎日はルーティンの繰り返し。夢を追いかけて輝く人だって身近にはそうそういないはず。夢や目標が見つからないのは当然のことです。

才能って、体内のとても深いところにこっそりと眠っているものです。さまざま刺激を受け、経験を積む中で眠っていたはずの個性（才能）は目ざめて、発芽します。子どもに夢を見つけてやりたいのなら、自分のまわりに多様な世界があることをぜひ見せてあげてください。

この世には老若男女さまざまな人種がいて、学校で学ぶ主要教科以外にも美術や哲学、建築、医学、農業、工業、宇宙工学、IT関連…などなど、学ぶべきフィールドは果てしなく広がっています。サラリーマンや公務員だけでなく、多種多様な職業、商売だってあります。自分だけのニッチな仕事を発明するのだって、もちろんありですね。

21世紀には、20世紀とは異なる業態、業種が次々と生まれてきます。あなたは好きなことを仕事にして生きていってもいいんだよ…こんなことを教えてあげてください。

子どもはつねに、見たい、知りたい、変わりたいと本能的に望んでいます。

Q13

夫がしょっちゅう呪いの言葉を吐くのですが…

小3の娘と夫の3人家族です。私は基本的に放任主義で、子どもに「勉強しなさい」と言ったことはないのですが、主人がとにかく口うるさく、毎日のように呪いの言葉を連呼しています。娘はいやいや勉強しているようですが、「お父さんなんかもう帰って来なければいいのに！」と反発しています。こんなとき、私にできることは何でしょうか？

（仮名・五十嵐）

A

このままでだいじょうぶですよ

このままでいいですよ。もちろんご夫婦で教育方針が一致しているのがベターですが、違ってたってだいじょうぶ。お父さんが毎日のように呪いの言葉を連発しても、五十嵐さんは「気にすることないわよ」とさらりと流しているご様子。家庭内のバランスはとれています。

もちろんご夫婦の考え方が一致して、父親も魔法のことばを使うならそれに越したことはありません。でもどこのご家庭を見てみたって、男親はそうそう変わらないようです。お父さんがいつも厳しくやってくれるおかげで、娘に「お母さんはやさしい」と思ってもらえる、ママはラッキーかもしれない…こんな程度に思っておいてください。

子どもが「お父さんなんか帰って来なければいいのに！」と悪口を言っている現況を傍観しているのは不甲斐ないでしょう。しかし、こんな状況がこれからもずっと続くとは限りません。**子どもは、日々成長しています。成長しないのは親のほうだけで、子どもはどんどん大人になっていきます。ですから、親子関係の構図もじきに変わっていきます。**

このままだと「一生父親嫌いになる可能性が残るのでは？」と案じるかもしれません。でも、そんなことを考えたって仕方のないことです。万が一そうなったら、それはそれで「パパの自業自得」ということで…。

五十嵐さんは今まで同様にゆったりお子さんを見守り、子どもとの関係を築いていってくださいね。いつもと変わりなく。

一般に、子育てのリーダーシップは母親側にあります。子どもにとって、父親より母親の影響が大きいのです。パパのネガティブワードだって、ママのマジックワードで打ち消していくことができます。

あとでね

ママ聞いて、今日ね…あのね…
ごめんね！今忙しいのあとで聞くね
ハーイ…
えーと
アレとコレとー
そろそろ
ママもういいかなあ
オイ…
クカ〜
ふえっ？

第4章

お母さんの自己肯定感も高めてしまいましょう

お母さんの不安が呪文を唱えさせている

「もっと勉強しなさい」「ちゃんとしなさい」「早くしなさい」

何度言ったって言うことを聞かないわが子に、イライラしてつい声を荒げてしまう。そんな言動の背景には、母親自身が抱えている不安があります。

子どものためを思って言っているつもりでも、「こんな成績では恥ずかしい」「こんなこともできないなんて世間に笑われる」「このままの学力では将来が望めない」という親自身の不安を払拭するために口にしている言葉だったりするのです。

また、多くのお母さんたちは、子どものテストの結果を自分の評価だと受け取ってしまいがちです。結果が悪ければ「私の子どもは優秀ではない」＝「私は優秀ではない」と、まるで自分が否定されているかのように傷ついてしまいます。

親があれこれ口うるさく言わずにいられない理由のひとつは、まさにこんなところにあります。

子どもは子ども、親は親。まったく別人格の人間なのに、です。

呪いの言葉をかけられた子どもは、ますます勉強が嫌いになる↓成績は下がる↓母親は呪いの言葉を追加する…。負の連鎖が続くのは、当然のことです。

テストの成績がよくない子ども、ゲームばかりしている子ども、人見知りで消極的な子ども、スポーツのできない子どもたちは、本当にダメな人間になるのでしょうか？　将来が望めないのでしょうか？

そんなはずはありません。ただの思い込みです。

日本中の親たちがうらやむような「よい子ども」「優秀な子ども」に育ったとしても、

その子が必ずしも幸せだとは限りません。幸せな未来が保証されているわけでもありません。

主要科目はイマイチだったけど、自分の好きなことや得意な分野で個性を生かし、豊かで幸福な人生を送っている人たちを、われわれ大人はたくさん見かけているはずです。

子どもたちは、もともと「世の中は厳しい」とか「がんばらないと幸福になれない」という観念は持ち合わせていません。子育てさなかの親たちが「あなたはこのままではダメです、幸せになれません」と決めつけて、ネガティブな観念を植えつけてしまうのです。

お母さんの不安が子どもの可能性を狭めています。また、その不安がお母さん自身のことも必要以上に悩ませています。 この事実に気づいてください。気がつくだけでも、必ず何かが変わり始めます。

期待と絶望は、必ずセットでやってくる

そもそも「呪い」とは、「こんな子になってほしい」という親の期待の表れです。

礼儀正しい子になってほしい
明るく元気な子になってほしい
勉強ができる子になってほしい
みんなから愛される子になってほしい
困難を乗り越えられる強い子になってほしい……延々続いて、キリがありません。

しかし、親が描く理想の子どもと、目の前にいるわが子との間にはギャップがあります。

ここが足りない、ここができない、何でできないの？　とないもの（欠点）ばかりが目につついて、失望します。

では、ここでショッキングなことを言いましょう。

期待には、必ず絶望がセットでついてくるのです！

そして理想と現実のギャップを埋めるべく、子どもの短所や欠点をいじくり始める。多くのママたちがやっている得意の「短所是正」です。

ママたちは、自分が夢見る子どもの理想像と現実のわが子を見比べて幻滅し、失望して、文句をつけてくるわけですから、子どもにしてみればたまったものではありません。

「ウチはそんなに高い理想は描いていません。可もなく不可もなく、ただただ普通であってくれればいいんです」

こんなママさんもおられますが、それだって実はやっぱり「普通の子でいてほしい」というひとつの理想が前提です。期待そのものですね。

こういう「世間一般基準のクリア」を望む母親が、子どもの「可もあり不可もあったりする」デコボコした個性に失望するケースをたくさん見てきました（デコボコの個性には才能や可能性がぎっしり詰まっているというのに）。


私は、親の愛情とは、無条件で子どもを受け入れることだと思います。まるごと全部、そのまますべてを認めて受け入れる。


「これができたら認めてあげるよ」「これをやったら愛してあげるね」と条件がつくのは、本当の愛情とはいえません。

「塾に行ったら認めてあげる」「100点をもらってきたら褒めてあげる」…。

どうです？　冷静に胸に手を当ててみると、案外みなさんも、いろいろと条件をつけていることが多くありませんか？

親の期待にこたえなければ、愛してもらえないと感じる子どもは不幸です。

「子どもをあきらめる」ことも必要です

「宿題をやらせようとすると暴れて逃げまわります。学校をサボって帰ってくることもあります。どうすればいいのでしょう？」

先日、反抗期の男の子を持つお母さんからこんな相談を受けました。あの手この手で机に向かわせようとしても、どうやってもうまくいかず、もうお手上げというご様子でした。

こんなお母さんへのアドバイスは、たったひとつです。
「お子さんをあきらめてください」

なんて乱暴で無責任なことを言うのだ！　と思われるかもしれません。

しかしこんなケースでは、まず親のほうの問題が解決しない限り、現状は何ひとつ変わりません。

言うことを聞かない態度のお子さんを前にして、感情を昂《たか》ぶらせ怒ったり、大声で怒鳴ったり、脅すような言葉を投げつけたり、お説教を始めてみたり、もう面倒をみないと投げ出してみたり…。

これは、親のほうが自分の感情をコントロールできないことが原因で起こっている問題なのです。

こんなときはどうすればいいのでしょう?

その答えが「あきらめる」ことです。ここでいう「あきらめる」とは、親が子どもへの期待を手放すことだと思ってください。まず、親のほうが先に「宿題をしてほしい」「きちんと学校に行ってほしい」という期待を捨ててしまうのです。

とても無理ですか?　いや、勇気を出して、その期待を放り出してみてください。

私が提案する「子どもをあきらめる」ことは決して、一か八かの極論ではありません。ましてや、育児放棄では決してありません。

では、あきらめると、何が起こり、どうなると思いますか？　子どもはますます好き勝手に振る舞って制御不能、もっと深刻な事態になってしまうのでしょうか。

ところが、そうはなりません。逆の現象が起こり始めます。

「子どもをあきらめること」は、今あなたが無意識のうちにこだわっている期待を手放して、代わりに無条件で子どもを信頼することです。愛情を持って子どもを見守り、育てるということです。

監視ではなく、チェックでもなく「あなたが困ったときにはいつでもここにいるからね」と温かく見守る姿勢を持つことです。

もしこんなふうに「あきらめること」ができたら、子どもは親の呪縛（期待という呪い）から解放され、のびのびと自由になり、いずれ問題行動を起こさなくなります。

親が幸せを感じれば、子どもだって幸せになる

子どもの欠点ばかりが見えるというのは、見るほう（親）の心の問題です。

泣いたり笑ったり感情の起伏が激しい子どもを「情熱的で感受性豊かな子ども」と感じるお母さんもいれば「エキセントリックで騒がしい子ども」と手を焼くママさんもいます。見るほうの捉え方が異なるだけですね。

では、子どもたちはどちらの目で見られることを望むでしょうか。

また、親ならばどちらの目で見ることが幸せでしょうか。

さて、ここでまた「妄想実験」をしてもらいましょう。

信じられないかもしれませんが、あなたは今日、何と！　賞金1億円の宝くじが当たりました！　夢ではありません。それはまぎれもない事実で、何度番号を見合わせてみても当選は間違いなく、ついに1億円が当たったのです！

隣には勉強もしないで、マンガを読んでゲラゲラ笑っている、いつもながらの能天気なわが子がすわっています。

さあ、あなたは「マンガなんか読んでいないで、さっさと勉強しなさい！」と大きな声で叱るでしょうか？

たぶん、うれしくて楽しくて、とてもそれどころではないはずです。心の中ではこの1億円を何に使おう？　どう使おう？　だれに告白しよう？　そうだ旅行に行こう、家が買えるかもしれないなどなど、どこまでも妄想が果てしなく広がり、子どものテストが40点であろうが、塾をサボろうが、ゲームに熱中していようが、まるで怒る気にはならないのではないでしょうか？

「40点だったの？　だいじょうぶだいじょうぶ」「塾なんてね、たまにはサボってもいいのよ」「そのゲーム面白そうね。ママにもやらせて」こんな言葉すら出てくるかもしれません（笑）。

「宝くじで1億円が当たる」はかなり極端な例ですが、ときにはこんな突飛な妄想をしてみることにも意味はあるのです。親がハッピーならば、なるほど、子どもへの対応もこんなに変わります。わかりやすいですね。

人は、自分が幸せであれば、他者に寛容になります。
他人の失敗を許せるようになります。
欠点は見えにくくなり、反対に、隠れていた長所が見えてくるようになるのです。

親の心が満たされ、ハッピーであれば、お母さんは「不安の目」ではなく「楽観の目」で子どもを見るようになり、過度な干渉はしなくなります。自分が楽しく生きている人は、ほかの人のことは気にならなくなるもので、それはたとえ家族であっても同様です。

すると、子どもにとって「家庭」は安心できる楽しい居場所となり、のびのびと自分らしい才能を発揮できる「場」となります。

「親が幸せならば、子どもは幸せになる」

これは真実です。子どもの幸せを願うのなら、お母さんが先に楽しんで、幸せになってしまえばいいのです。そうです、まず自分からです。

ママの心が弾む時間を

「どうしても子どもに期待することをやめられない」

「どうしても子どもをあきらめることなんかできない」

こんなお母さんは、子どもさんのこと以外で「いったい何が自分を楽しませてくれるか?」と、一度考えてみてください。自分をわくわくさせることに気持ちをフォーカスするのです。

友だちとランチへ行く
見たかった映画を見に行く
気ままな小旅行に出かけてみる

おいしいスイーツのお店をハシゴする
読みたかった長編マンガを読みふける
スポーツ・ジムで思いきり汗を流す
リラクゼーション・スパで癒される

何をすればいいということではなく、自分の心が弾むようなことなら何だっていいのです。自分にウソをつかず、夢中になって楽しかったり、おいしかったり、元気になれることをはじめてみてください。自分が楽しければ、他人のことはあまり気にならなくなるものです。子どものことだって、もちろん例外ではありません。

「母親が遊んでばかりいるなんて、家族に迷惑をかける」と自分が趣味に走ったり、好きなことに熱中することに罪悪感を持つお母さんもいるかもしれません。

でも、理想の子どもが幻であったように、理想の母親像もまた幻にすぎません。優秀な親になんてならなくていいのです。

お母さんが自分でやりたいことを見つけて、やりたいことをはじめて、毎日楽しく過ごす。楽しい人、機嫌のいい人、笑顔の人がそばにいるだけで、思わず楽しくなりませんか？　家族だって同じです。

子どもは日々、親の姿を見ながら生き方を学んでいます。母親はどんなときに喜ぶのか、父親は何に怒るのか？　それらはいつも見本となりお手本となって、子どもの一生に大きな影響を与え続けます。

「人生は楽しいのだ」とウソ偽りなく、生身で証明して教えることは、親の重要な役割のひとつではないでしょうか？　子どもは親の背中ではなく、笑顔を見て育ちたいのです。

1億円の宝くじが当たるのを待つのではなく（なかなかそんな日は来ないでしょうから）、心が満たされ、わくわくする時間を自分で作り出しましょう。

子どものことをどうしようか…と考える前に、自分が何をしたら楽しいかに思いをはせ、忘れていた自分の時間を取り戻してみてください。

お母さんの心が「快」の状態になれば、いつの間にか子どもへの過剰な期待は消えて「あきらめる（＝信用して見守る）子育て」ができるようになります。

魔法のことばを自分にもかけてみよう

相手を肯定する言葉は、自分を肯定する言葉にもなります。なぜなら、ポジティブな言葉には、自分の心の中の嫉妬や不満、不安や怒りといったネガティブな感情を浄化する作用があるからです。

ポジティブな言葉をたくさん使っている人のほうが、人生では多くの幸せを感じるようにできているのです。

10の魔法のことばも、ポジティブな言葉ですね。

魔法のことばには、言われた相手だけでなく、言った本人も気分がよくなる「聞くもよし、言うはなおよし」という効果があります。

われわれは大人になると、素直に褒めたり、褒められたりする機会が激減します（社交辞令は増えていきますが）。

ですから、ポジティブな言葉を自分へ向けて「すごいね、えらいね、いいね」とたくさん声がけしてみてほしいのです。主語はもちろん「私」です。

「私ってすごいね、私ってえらいな、いいね」「私はすごいよ、うれしいよ、さすがだね」というふうに、です。

ひとり言でもかまいません。思いついたら、いつでもどこでも、どんどん口に出してください。「だいじょうぶ」もいいですね。大いに使ってください。

「そんな、うさん臭いおまじないのようなこと…」と思うかもしれません。でも、まずはためしてみてください。ためして一向に効果がないようなら、やめればいいだけのことです。

無意識に何度も繰り返される言葉には、パワーがあります。「私なんて…」と言うより

「私ってすごい！」という言葉のほうが、どれだけ自分の心が癒されて、うれしいでしょうか？

自分へ魔法のことばがけをして、イライラで縛られた子育ての呪いを解いてしまうのです。

大人というのは、放っておけば思考はネガティブな思考に傾き、心は不機嫌へと向かうやっかいな生き物です。ですから、いちばんに自分の機嫌をとる努力をしてください。

お母さんが不安を手放して「毎日ご機嫌でいること」が、子どもの自己肯定感を高める最強にして最短の手段なのです。

自己肯定感の高い子どもは「人生は楽しいものだ」「世界は自分の気持ち次第でいくらでも変えられる」と前向きに考えています。心からそう信じられる人生は、何があったって幸福です。

そんな魔法を、お子さんだけでなく、ぜひ自分にもかけてみてください。

ママもご機嫌♪

ママってすごいね！
ママいつもありがとう
さすがママだね！
え？そう？そうかしら
ママうれしいわ！
パァァ
ママいいかんじ？
うん！いいかんじ
ルンルン♪
10の魔法のことば

おわりに

最後までご覧いただき、ありがとうございます。
本書は、これまでの本とは少し趣を変えて、ライトなタッチとわかりやすいイラストやマンガを入れています。なぜ、このような趣にしたかといいますと、日常の会話で使用する「魔法のことば」がテーマだからです。

というのも「魔法のことば」というのは、真面目に真剣に使うと、うまく機能しない特徴があるからです。子どもの教育や子育てを真剣に考えていることはとてもいいことですが、得てして真剣が「深刻」に変わってしまうことがあります。深刻になると物事は解決しないのですね。また教育というとむずかしいことを書いてしまいがちで、むずかしいことを書いてしまうと、真剣が「深刻」になってしまうこともあります。それもあって、本書はなるべくライトに、実践しやすいように構成したのです。

言葉の力は非常に非常に強いものです。言葉で人を生かすこともできれば、つぶすこともできます。もちろん、親子の場合は、つぶすために使うということは通常ありえません。しかし、そのつもりがなくても、無意識に使ってしまうことがあるのです。それがいちばん怖いことですね。

自分では使っていることがわかっていないため、「なぜうちの子はいつまでもダメなの！」と思ってしまって、さらに火に油を注いでしまうことも。でもそれって、仕方ないことなのです。周囲の人はだれも「その言葉使うのやめたら？」とは言ってくれませんからね。

もし直接、目の前の人から指摘されたら、腹立たしいですよね。そこで、本書が間接的に、少しでも、日々の振り返りとしてお使いいただければと思って書きました。

最後になりましたが、ママカフェや講演会でよくお話しすることをお伝えして本書を閉じたいと思います。

「3つの呪いの言葉を使うのをやめてください！」と言われると、ママさんはそれにとらわれて、我慢してしまうことで、もしかしたらストレスが溜まってしまうかもしれませんよね。

ですから、その3つの呪いの言葉は、もし減らせるのであれば減らす程度にして、「子どもの自己肯定感を高める10の魔法のことば」を使ってみてください。

でも、この10個の言葉も、そんなしょっちゅう意識できないこともありますよね。そこで、もっとも手っ取り早く子どもの自己肯定感を高める方法があるのです。

それが「ママが毎日をわくわく過ごす」ということです。ママがわくわく過ごすと、その感情を子どもが受け取ります。子どもは親の言うことは聞かないが、親の感情や親のやっていることを受け取るのです。

ですから、親の感情を受け取ると子どもは、おのずと自分もわくわくすることが大切だと考えるようになります。

「わくわく感」、このことが子どもの自尊心や自己肯定感を引き上げる源泉となります。

では、ママは日々わくわく過ごすためにはどうしたらいいでしょう？　そのためには、日々自分が犠牲になって子育てしていると考えるのではなく、わくわくさせてくれる場に出かける、わくわくさせてくれる人と会っておしゃべりする、わくわくさせてくれる食事をするのがいいのです。

つまり、自分をわくわくさせてくれる人、モノ、場所に触れることなのです。するといつの間にか、ママ自身が自分の人生を楽しみ、ハッピーになっていきます。その結果、子どものよいところが見えるようになり、子どもにかける言葉も自然と変わっていきます。

ぜひ、わくわくの毎日にしてみてくださいね。

２０１８年６月　東京のカフェにて　　石田勝紀

石田勝紀（いしだ　かつのり）

1968年、横浜市生まれ。20歳で学習塾を創業。これまで3500人以上の生徒を直接指導する傍ら、講演会、セミナーなどを通じて、のべ5万人以上の子どもたちを教えてきた。34歳で、都内私立中高一貫校の常務理事に就き、経営、教育改革を敢行。現在は「日本から勉強嫌いな子をひとり残らずなくしたい」という信念のもと、全国各地でママさん対象のカフェスタイル勉強会「ママカフェ」や講演会にも力を注ぐ。『東洋経済オンライン』での人気連載コラムは、累計8100万PV（2020年1月時点）を記録している。2018年4月より都留文科大学特任教授に就任。主な著書に『勉強しない子には「1冊の手帳」を与えよう！』『子どもを叱り続ける人が知らない5つの原則』（以上、ディスカヴァー・トゥエンティワン）『AI時代を生きる子どもの才能を引き出す「対話力」』（ビジネス社）はじめ、多数の書籍を出版している。

○公式サイト　http://www.ishida.omline/
○公式ブログ　http://ameblo.jp/edu-design/
○公式LINE　line://ti/p/@guk1682f
○公式Facebook　http://www.facebook.com/ishidanet

LINE@「ぐんぐん伸びる子は何が違うのか？」
～子育て、教育情報やママカフェ最新情報をお届けします
ご登録は@mamacafe またはQRコードから
line://ti/p/@guk1682f

今なら「子どもが勉強する気になる５つの方法」の
小冊子データをプレゼントします

子《こ》どもの自己肯定感《じここうていかん》を高《たか》める
10の魔法《まほう》のことば
2018年 7月31日 第1刷発行
2021年 5月24日 第11刷発行

著 者 石田勝紀《いしだかつのり》

発行人 安藤拓朗

編集人 水木 英

発行所 株式会社 集英社
〒101-8050 東京都千代田区一ツ橋2-5-10
電話 編集部:03(3230)6205
読者係:03(3230)6080
販売部:03(3230)6393 [書店専用]

プリプレス NATTY WORKS

印刷所 図書印刷株式会社

製本所 ナショナル製本協同組合

 ISBN 978-4-08-780842-1 C0037

10
MAGIC
WORDS